马王堆汉墓

傅举有 —— 著

浙江文艺出版社
Zhejiang Literature & Art Publishing House

图书在版编目(CIP)数据

马王堆汉墓 / 傅举有著. —杭州:浙江文艺出版社,
2023.5(2025.5重印)
ISBN 978-7-5339-7165-6

Ⅰ.①马… Ⅱ.①傅… Ⅲ.①马王堆汉墓-考古
发现-通俗读物 Ⅳ.①K878.84-49

中国国家版本馆CIP数据核字(2023)第031418号

统　筹　王晓乐　　　　　装帧设计　胡　川
特约编辑　俞玲芝　　　　责任校对　陈　玲
责任编辑　邓东山　　　　责任印制　吴春娟
美术编辑　沈路纲　　　　数字编辑　姜梦冉　诸婧琦
营销编辑　张恩惠　詹雯婷

马王堆汉墓

傅举有　著

出　　版　浙江文艺出版社
地　　址　杭州市环城北路177号
邮　　编　310003
电　　话　0571-85176953(总编办)
　　　　　0571-85152727(市场部)
制　　版　浙江新华图文制作有限公司
印　　刷　浙江新华数码印务有限公司
开　　本　880毫米×1230毫米　1/32
字　　数　173千字
印　　张　8.125
插　　页　4
版　　次　2023年5月第1版
印　　次　2025年5月第5次印刷
书　　号　ISBN 978-7-5339-7165-6
定　　价　78.00元

序言

著名历史学家李学勤先生在《马王堆汉墓文物》一书序文中说："重大的考古发现应当对人们认识古代历史文化起重要影响，改变大家心目中一个时代、一种文化以至一个民族的历史面貌。"今年入选中国"百年百大考古发现"的湖南长沙马王堆汉墓的发掘，就是这样的重大考古发现。

光阴荏苒，马王堆汉墓从1972年开始发掘，至今已近五十年。在半个世纪的岁月变迁中，中国社会发生了翻天覆地的巨大变化，而马王堆汉墓的发掘、展览、研究，一直备受社会各界的关注和支持。从1973年建筑面积为3510平方米的新仓库到现在总建筑面积约9.1万平方米的湖南省博物馆（即今湖南博物院）新馆，陈列展览马王堆汉墓精品文物的场所一直在不断更新换代；展示手段也从最简单的图片加实物展升级到声、光、电并用的智能场景展示。从始至今，"长沙马王堆汉墓陈列"一直是湖南省博物馆的基本展览和精品陈列。

自马王堆汉墓发掘以来，中外专家学者对它的探讨研究一直方兴未艾，发表了相关的论文上千篇，专著数以百计。四十多年来，马王堆汉墓研究取得了累累硕果：如马王堆汉墓出土帛书全部释读完毕，已结集出书；马王堆三号墓的墓主人是第二代轪侯利豨的观点，得到了学术界大多数专家学者的认同，已成定论；等等。

马王堆三号墓的墓主人是谁？这是马王堆汉墓发掘、整理与研究中的重大学术问题。四十多年来，国内外许多专家学者都积极参加了此项问题的研究和讨论。在1992年、2004年、2014年分别举办的三次马王堆汉墓国际学术讨论会上，与会的专家学者对这一议题进行了充分而激烈的讨论。近年，墓主之争终于有了定论，三号墓墓主人"利豨说"被大多数学者认同。下面我简单讲述一下这一观点被逐步认定的过程。

马王堆二、三号汉墓发掘之后，我们要做的第一件事，就是赶快写一份发掘简报，把发掘的情况公之于世，因为当时，全世界都在关心和注视着这一震惊世界的考古发掘工作。由于时间仓促，对出土的1000多件文物来不及深入研究，只能粗略地报告，对于三号墓墓主的身份，也只是根据墓中简文纪年与史书记载不符而简单推断出"应是利豨的兄弟"。

发掘简报发表在《文物》月刊1974年第7期，其结语说："一、二号墓是利苍夫妻之墓，三号墓是他们儿子的墓。""这是利苍的哪一个儿子呢？据《史记》和《汉书》记载，继承利苍侯位的是利豨，他死于汉文帝十五年（前165），而三号墓墓主葬于汉文帝十二年（前168），显然不是利豨，而是利豨的兄弟。"对于这个结论，大家当时都是同意的，也包括我在内。

那么，利豨的墓在哪里呢？史书上记载，第二代轪侯利豨并没有离开长沙，那轪侯家族的墓地马王堆就应该有他的墓。于是，马王堆汉墓发掘领导小组决定，再请勘探队来马王堆钻探。发掘工作结束之后，我重返马王堆，又请来了钻探队，一连几天，把马王堆钻了个遍，直到无处可钻才罢手。钻探结果令人失望，这里再也没有墓了。

不久，国家文物局在北京成立了马王堆汉墓帛书整理小组。全国著名的专家学者数十人云集北京，我也幸运地忝列其中。

在整理帛书和简牍时，大家发现三号墓的遣册上有"家丞一人"的记载。帛书整理小组的专家们认为，这是判断三号墓墓主身份的重要线索，因为《史记》《后汉书》均记载：列侯置"家丞一人"，"主侍侯，使理家事"。这时，我开始对"三号墓墓主是利豨兄弟"的说法产生怀疑。之后，我对照史籍认真研究三号墓的文物，根据史料记载的汉初诸侯制度，比对简文纪年、帛画及随葬器物。研究越是深入，越是发现过去的说法的确是错了。于是，我写了《关于长沙马王堆三号汉墓的墓主问题》一文，在《考古》1983年第2期上发表了，并因此引发了长达几十年的"三号墓墓主是谁"的争论。

三号墓遣册上记载：墓主有"家丞一人"，有"美人""才人"，有"官者九人""谒者四人"和"郎中"。按照汉朝的制度，这些只有诸侯才能设置。墓中的三棺葬制、T形帛画上的双龙，都显示墓主是一方诸侯。我正是从三号墓的棺椁数目、铭旌内容、遣册文字论证出此墓主人正是第二代轪侯利豨！史书并无记载"利苍有多个儿子",而即使利豨有兄弟,也没有享有"侯爵"葬制的权利。墓中简牍上的纪年与史籍记载不符并不罕见,这三年误差应是史书误记。

我的文章发表后,引发了学术界的激烈争论。我文中的观点既得到了许多著名专家学者的赞同,也遭到了一些学者的反对,有人发表文章说:"(三号墓墓主为利豨兄弟)这是历史铁案……"

这场学术争论持续了几十年,直到2004年,湖南省博物馆的"长沙马王堆汉墓陈列"仍然不敢说三号墓墓主是轪侯利豨,学术界仍然对此存在分歧。之后,随着研究的不断深入,墓主"利豨说"不断为新发现的资料和新的证据所证实,不断有专家学者提出许多理由和确凿的证据来论证这一说法的正确。上海博物馆著名的封泥印玺专家孙慰祖研究员发现一号墓和三号墓中的"轪侯家丞"封泥有差别,这说明两个墓的主人有各自的家丞:一号墓墓主的家丞是第一代轪侯利苍和夫人辛追的家丞,三号墓墓主的家丞是第二代轪侯利豨的家丞,他们各自为自己的主人操办了丧事。三号墓墓主有自己的家丞,证明他是侯爵,他只能是第二代轪侯利豨。

随着三号墓墓主之争的不断深入,越来越多的专家学者主张墓主"利豨说",王世民研究员、黄展岳研究员、周世荣研究员、孙慰祖研究员、陈松长研究员、刘晓路教授、周一谋教授等都提出了许多理由和证据,论证三号墓墓主是第二代轪侯利豨。周一谋教授原来是主张"利豨兄弟说"的,但是后来改变了看法,在《马王堆医学文化》一书中,他写道:"从整个出土文物来看,三号墓墓主为利豨的可能性最大。"

中外学术界经过四十多年的研讨，对三号墓墓主是谁的问题似乎已有定论。2013年10月，岳麓书社出版湖南省博物馆馆长、研究员陈建明主编的《马王堆汉墓研究》一书，在《三号墓墓主研究现状》一节中说，自从三号墓墓主是第二代轪侯利豨的新说出来以后，"主张此说者日多"，"近几年仍有学者推崇此说，似乎已成定论"。

我是马王堆二、三号汉墓发掘的参与者，几十年来一直在进行马王堆汉墓文物的整理和研究。今年7月的一天，我接到浙江文艺出版社的电话，说我们之前写的"亲历考古"系列丛书深受读者喜爱，出版社决定再版，并嘱我写一个再版序言。我听了以后非常高兴，这说明我们写的书，读者喜欢看，也说明人民群众对精神文化的追求更高更普遍了。我至今还记得此书初版后不久就脱销了，有读者千里迢迢从外省赶来长沙，登门求书。

此书2002年3月初版，书名为《不朽之侯——马王堆汉墓考古大发现》；2012年再版，书名为《马王堆汉墓不朽之谜》；这次为第三版，我们期待着它以崭新的面目出现在读者面前。

傅举有

2022年11月于广州

目录

1 走进马王堆

○ 20世纪50年代马王堆照片　因远看像个马鞍形，民间又叫马鞍堆

千年之谜

　　湖南省长沙市东郊五里牌外，有一座方圆半里的小山，山上有两座高十八九米的大土堆，当地人称它为"马王堆"。

　　站在马王堆顶上向远处眺望，东边和南边是一望无际的平坦稻田，西边是繁华的长沙市市区，湘江支流浏阳河从东边转向西北蜿蜒而过。

　　天上白云悠悠，地上河水潺潺，马王堆上芳草萋萋，这里没有墓碑之类的东西，也找不到任何可供考证的遗迹。有人说，从马王堆这个名字，也许可以找到它的来历吧。

查阅史料，在清朝光绪年间（1875—1908）编撰的《长沙县志》卷四的《北关外山水图》中，我们找到了"马王堆"的名字。据《湖南通志》引《善化县志》（善化县在明清时属长沙府，在今天的长沙市境内）记载："马王疑冢，在县东南五里，楚王马殷筑。"又据清光绪十四年（1888年）编撰的《湖南全省掌故备考》记载："五代楚王马殷疑冢在省城东北。"

所谓疑冢，就是假坟。因为古代盗墓成风，五代时期在湘地建国的楚国国王马殷（852—930），生怕他死后坟墓被盗，于是在建造生坟时，故意建造了许多假坟，让盗墓者真假难分，这就是所谓的疑冢。如果马王堆真是马殷所造，那么，距今就有一千多年了。

关于这个墓地的来历，史书中有两种说法。一种说法是北宋时期《太平寰宇记》上的记载，说这两个坟堆叫"双女冢"，葬的是西汉长沙王的母亲、汉景帝的妃子唐姬和程姬。清朝编撰的《大清一统志》上也有类似的记载。另一种说法是《湖南通志》引《旧志拾遗》记载，认为这两个坟墓是长沙王刘发和他母亲唐姬的墓。不管上述记载如何，总之，这两个坟堆与西汉长沙王刘发是有关系的。既然与西汉长沙王刘发有关系，那么我们就从他那儿去寻找线索。我们在《汉书·长沙王传》中查阅到下述记载：唐姬原是汉景帝的妃子程姬的侍女。有一天，景帝召程姬侍寝，不巧的是，程姬正在经期，不便同床，便叫她的侍女唐儿去伺候。景帝宴罢归来，醉眼蒙眬，就和唐儿同床共寝。唐儿因此怀孕，后来生了个儿子，取名发，封为长沙王。景帝死后，唐姬就到长沙国和儿子一起生活。据

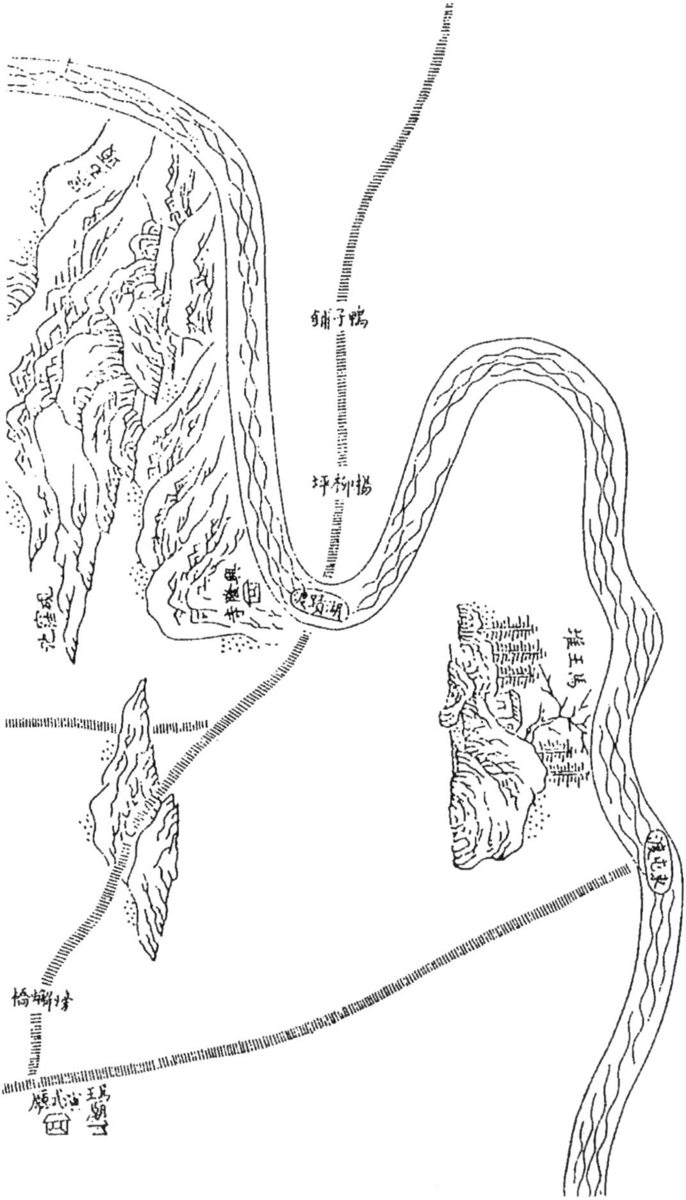

○《长沙县志》卷四《北关外山水图》中绘有『马王堆』

说唐姬死了以后，就埋葬在长沙国首都临湘，即今天的长沙市马王堆这个地方。

民间传说远比《汉书》记载生动有趣。据传，汉代有一位皇帝六十多岁了，虽妻妾成群，但都没有生儿子。在那个"家天下"的时代，皇嗣比什么都重要，它关系到政权的维持和国家的兴亡。宰相建议皇上再找一个女子，但后宫都招满了，再找怕招人笑话，于是只能秘密进行。他们在湖南找了一个名叫肖彩娥的民间女子。彩娥进宫后，深受皇上宠爱，一年后就生了一位皇子。皇上非常高兴，就在孩子满周岁的那天，把他立为太子，还亲手写了一份"太子诏"，说自己百年之后，传位给太子。彩娥有了"太子诏"，就向皇上提出，要与皇后平起平坐。皇上对此十分为难：同意吧，彩娥出身微贱，皇太后和文武百官不会答应；不同意吧，又怕彩娥闹。于是召来宰相商议，最后决定秘密杀死彩娥，把彩娥之子说成是皇后之子。此事被交给一位老太监去执行。谁知老太监是个慈心人，把事情的真相全部告诉了彩娥，要她火速逃走。彩娥逃走之后，老太监就自尽了。

彩娥先逃回湖南，后辗转于广西、云南等地，过着流浪生活，饱尝辛酸痛苦。一日，她感到今生今世再无出头之日了，于是心灰意冷，纵身跳下悬崖。也是她命不该绝，她被在崖下打柴的曹二亮所救，背回家去。经过细心调理，她慢慢养好了伤，后来，她与曹二亮结为夫妻。

斗转星移，十五年之后，她的儿子登基，继承了皇位。彩娥把自己的身世告诉了曹二亮，要曹二亮到京城去找皇上。几经周折，曹二亮见到了皇上，把彩娥的实情一一说了。皇上是个孝子，为了让母亲过上幸福的晚年生活，也为了报答曹二亮救母之恩，就封曹二亮为长沙王，彩娥也就成了贵夫人。彩娥死后，就和曹二亮合葬于长沙东门外。这就是马王堆的来历。

上述所引有史书，有方志，还有民间传说，但是马王堆里究竟埋葬的是谁，是什么时候下葬的，仍然无法找到科学的定论。马王堆几千年来依然是当地人无法解开之谜。

"火洞子"

为了弄清马王堆的真相，1952年，当时的中国科学院考古研究所组织了一个长沙考古队，在副所长夏鼐的带领下，从北京千里迢迢来到长沙，对马王堆进行实地勘察和钻探，初步断定是一处汉代墓葬群，时间比所谓马殷墓要早一千多年。

1956年，湖南省人民政府将它正式确定为省重点文物保护单位，还在1961年竖立了省级文物保护标志。但是后来在"破四旧"的喧嚣声中，这块保护标志不知被扔到什么地方去了。正是这一疏忽，为揭开马王堆真相创造了契机。

1970年，当时国家提倡"深挖洞"，到处开挖备战工事，进驻马王堆的军区医院的同志看到马王堆，以为它们只是两座小山，认为是一个"挖洞"的好地方。于是经过一番策划，决定在这两座"山"里建造地下病房。

这个地下病房开始时准备开东西两个巷道口。但是，这个雄心勃勃的计划刚一实施就受到了挫折：东边的巷道才掘进十多米，就严重塌方，无法继续施工，并且发现了像糯米糍粑一样软的白膏泥。他们用钢钎去探查，立刻有一股气流从钢钎穿透的小洞里喷出。大家以为地里面是空的，就用水去浇灌，谁知气体冲劲很足，水立刻被冲走；抽烟的人好奇地用火去点，竟然燃起蓝色的火苗。施工人员大为惊异，以为遇到了什么古怪的东西。医院打电话将情况报告给军区后勤部，接着又报告湖南省委。消息在长沙城里辗转了三天，最后才到达湖南省博物馆。博物馆立刻派人直奔马王堆。当他们进入施工现场时，还见到不少人在那里点火抽烟！看来火苗烧了三天三夜还没有熄呢。

据几位早年以盗墓为生的老人说，长沙有一种墓，当墓室打开时，就有一股凉气喷出来，要是有火种的话，就会立即燃烧，火苗有时高达数丈，这种古墓就叫"火洞子"。他们怀疑这里就是一个"火洞子"。

"火洞子"极其罕见，虽说不是千载难逢，但几十年也碰不到一个。据当年在长沙从事考古发掘的顾铁符先生回忆："从1951年中国科学院考古研究所在那里发掘开始，到现在二十多年，发掘的古墓估计有好几千座，可是从来没有碰到过'火洞子'。"（《文物》1972年第9期）但是"火洞子"确实也出现过。中山大学教授、著名考古学家商承祚先生在《长沙古物闻见记》中有关于发现"火洞子"的记载。湖南省博物馆已故的考古发掘老师傅任全生先生，在生前也对我们谈起过他发掘"火洞子"的往事：他的伙伴曾被"火洞子"烧伤而住进了医院。

而且"火洞子"不仅现在有，史书上也有记载。《汉书·外戚传》记载：建平二年（前5），汉哀帝母亲丁姬死后，葬于定陶。过了十年，王莽发掘该墓，刚打开墓室，冒出的气就着火了，火焰高达四五丈，把墓中随葬的器物烧得干干净净。有人怀疑举世闻名的秦始皇陵也是一个"火洞子"。北魏郦道元《水经注·渭水》也证实了在《汉书·刘向传》中的一段记载：刘向曾对汉成帝说，"秦始皇帝葬于骊山之阿……其后牧儿亡羊，羊入其凿，牧者持火照求羊，失火烧其藏椁"。事实上，1974年秦始皇兵马俑陪葬坑发掘时，发现该坑的确被烧得很惨。

庆幸的是，马王堆虽然着了火，但冒气的洞口很小，只是钢钎捅的一个小孔，虽然烧了三天三夜，始终没烧到里面去，要不然，后果真不敢设想。

"火洞子"是怎样形成的？古人无法做出科学解释，就把它归结为天或鬼神的意志。王莽发掘了丁姬墓后，见火高四五丈，认为是"天见变以告"，是上天对丁姬的一种惩罚。而王莽的反对派则认为，这是地下丁后的幽灵对发掘者的一种惩罚。对此，东汉无神论者王充也无法解释，他说："火出于藏中者，怪也，非丁后之神也。"（《论衡·死伪篇》）他虽然认为墓中起火不是鬼神的意志，但也认为是一件很奇怪的事情。

其实，"火洞子"是在一定条件下自然形成的。古代有厚葬之风，常常把许多食品、衣物、用具以及各种有机物作为随葬品埋入墓室，以供死者在阴间享用。为了防止墓穴被盗，他们还把墓室做得很严实，放在地下深处密封起来。墓中的有机物在不透气的状态下会慢慢地分解，产生出一种可燃性气体——沼气。沼气的主要成分是甲烷，是一种碳氢化合物，比重为0.554，重量只有空气的一半，扩散的速度却比空气快3倍。如果墓室密封不好，沼气就会慢慢地跑掉，有机物也跟着慢慢分解。如果密封得好，沼气饱和后，有机物就会停止分解，随葬品就会完好地保存下来。所以，凡是充满了沼气的墓，里边的随葬品就保存得很好。但是这种墓一旦遭到破坏，可燃的沼气就会以飞快的速度向外扩散，甚至喷射，一遇到火种，就马上燃烧起来。

因为马王堆已经遭到破坏，这个墓就必须马上进行保护性发掘。经国务院批准，这个在当时被认为是汉代两个皇妃的陵墓，于1972年1月16日正式开始发掘。发掘工作由湖南省博物馆承担，首先从东边那座已遭破坏的坟墓开始。考古工作者把东边的那座编为一号墓，西边的那座编为二号墓。

一号墓的封土堆有4米多高，底径30多米，有1000多土方。如果光靠现场的人力来搬掉，得花上两三个月时间，为了加快进度，就请人用推土机把土推掉。

不久，墓口就露了出来，南北长19.5米，东西宽17.8米，可见这座墓规模之宏大。大家开始很兴奋，努力工作，挖得手上起泡、挑得肩头红肿也不叫苦，恨不得一下子挖到底，把那些埋藏了几千年的珍宝取出来。但是，发掘才两天，考古老技工就报告了一个很不好的消息：有盗洞，且不止一个，有三个！这个消息就像当头一盆冷水，大家的心一下子被泼凉了。有人跺脚骂道："该死的盗墓贼！"大家急切地想知道，这些盗洞是什么时候的。考古老技工说，三个盗洞中有两个是方形的，一个是圆形的。近代盗洞是方形的，古代盗洞是圆形的。

盗墓这门行当是很古老的，据历史文献记载，它至少有三千多年的历史了。战国时期著名哲学家庄子曾在《庄子·外物篇》中，记载了一个盗墓的故事：有一天晚上，一群人在盗墓，墓外的人问道："东方发白了，情况怎么样？"墓里的人说："裙子、短袄还没有解下，口里含有一颗珠子。"外面的人说："《诗经》里有'麦苗青青，长满山坡'之句，生前是个吝啬鬼，死了含珠干什么？你们揪住他的头发，按住他的嘴，用锤子敲他的下巴，慢慢地撬开他的双唇，不要伤了口里含的珠子。"司马迁的《史记》中也一再提到盗墓这个行当。《史记·货殖列传》说，当时"闾巷少年"经常干"掘冢"的事情。他举出中山（今河北省定州市一带）等地方做例子，说那里的人，"起则相随椎剽，休则掘冢作巧奸冶"，用现在的话说，就是白天公然用椎杀人，掠夺财物；晚上暗地挖坟劫棺，盗取珍宝。他甚至还指名道姓地举出田叔的例子："掘冢，奸事也，而田叔以起。"用现在的话说，就是盗墓是不正当的事，而田叔却靠它起了家，成了当时全国屈指可数的大富翁。汉代盗墓如此猖狂，令人大伤脑筋。有一天，皇帝刘恒（汉文帝）带着妻儿群臣去霸陵，看到成千上万的人在南山为他建造坟墓，想到他百年之后就要埋葬在这里，心里凄惨悲凉，他叫妃子慎夫人鼓瑟，自己随着瑟声唱出悲凉的歌声，并回过头对群臣说："唉！用北山的石头为椁，再用絮塞住缝隙，用生漆涂粘其上，哪能动它分毫呢！"群臣都说："很对。"只有一位名叫张释之的将军上前说："假若陵墓中有些使人动心的宝物，纵使把整座南山都铸塞起来，还是有人能够进去的；如果里面没有使人动心的东西，那又有什么好担心的呢？"（《史记·张释之冯唐列传》）可见当时盗墓之盛。

从以往考古的情况来看：长沙大一点的坟墓，百分之九十九都已被盗掘。那么，马王堆汉墓是属于被盗过的百分之九十九呢，还是属于没有被盗过的百分之一呢？

墓坑愈挖愈深，慢慢地，那两个近代的方形盗洞不见了，而那个古代的圆形盗洞却总是不见消失。这个盗洞是从墓室的东北角开始的，后来拐了个弯，到了东南角以后，洞口就急转直下！大家的心情很沉重：完了！珍宝大概都被盗走了。正当人们心灰意冷，不再抱有希望的时候，盗洞却突然不见了，就在离白膏泥不到1米、离棺椁不到2米的地方消失了。大家简直不敢相信自己的眼睛！这难道是真的吗？是真的！盗洞确实消失了！

大家高兴得跳起来，如释重负。高兴之余，大家也很诧异：这个已经挖掘了17米深、花费了巨大人力的盗洞，为什么在离棺椁不到2米之处竟被放弃了呢？前面介绍过，文献上曾记载马王堆可能是"疑冢"，也就是假坟，是故意用来蒙骗盗墓贼的。三个盗洞都没有挖到底，可能是盗墓贼认为真的碰上了"疑冢"，只好自认倒霉了。

考古队从墓穴的堆积层注意到，在建筑此墓之前，这里原先是一片仅五六米高的低矮小土冈，在距墓底8.8米处，有一条明显的分界线，线以上的土呈黄褐色，是人工积土版筑而成的，线以下才是掘土成穴的。这种建造方法，汉代叫"穿覆土"筑墓法。"穿"就是从地面往下挖坑，"覆"就是在上面覆上泥土。汉代的坟墓都是这样建造的。

尽管动用了推土机、吊车等先进机械工具，发掘工作依然从1972年的1月16日持续到4月28日，历时3个月又12天，而且还留

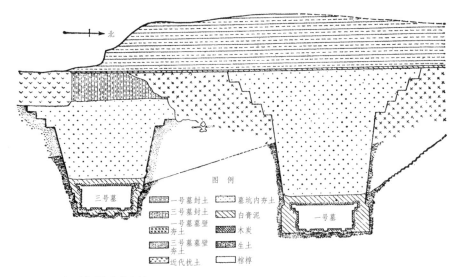

○ "穿覆土"的建墓方法

下了一条数十米长的巨大墓道没有发掘。考虑到上面的覆土要从其他地方运来，显然这座坟墓不是短时间内能建成的。

为什么古人要如此大兴土木为自己建造墓穴？因为古代的皇帝和王侯，他们明白生前奢华的生活并不是永恒的，人总是要死的，谁也无法避免。因此他们在活着的时候就未雨绸缪，开始经营理想中的地下宫殿，要让生前的豪奢延续到身后。几乎每个皇帝，从他坐上皇帝位子的那一天起，就开始为自己建造生坟。

就拿秦始皇陵为例，据《史记·秦始皇本纪》记载，"始皇初即位，穿治郦山，及并天下，天下徒送诣七十余万人"。即他刚即位，就开始建造郦山陵墓，动用70多万人来为自己建造坟墓。汉文帝刘恒是历史上著名的以节俭而闻名的皇帝，他也用了3100人为自己建造坟墓。《晋书·索綝传》说："汉天子即位一年而为陵，天下贡赋三分之，一供宗庙，一供宾客，一充山陵。"就是说，汉朝皇帝从他登上帝位的第一年就开始为自己建造陵墓，每年建造陵墓的费用占全国总收入的三分之一。而且汉代法律规定，列侯死了，"其葬，国得发民挽丧，穿复土，治冢无过三百人毕事"。就是说列侯死后，他的封国要发动国民治丧，用不超过300人来建造坟墓。穷人死后，往往只花半天或一天时间，临时挖个坑埋了就算完事。但是贵族们不能等死了再挖，因为他们的坟墓规模太大，必须早早挖好。我们可以想象：两千多年前，人们建造这座巨大的坟墓时，是怎样一个轰轰烈烈的场面啊！秦始皇建造郦山陵的大石头是从渭北的山上运来的，"其歌曰：运石甘泉口，渭水为不流，千人唱，万人相钩"。而马王堆这座巨大的墓室，其土方、木料同样也是从远方"千人唱，万人相钩"运来的啊！

此墓的墓口是方形的，从墓口往下，有四层台阶，每层台阶的高度和宽度都是1米左右，每下一层台阶，墓坑四周就往里收缩1米。台阶的制作很讲究，夯打得非常光滑平整，有些地方好像用火烤过。为什么要做台阶？有人认为，只有有身份的人才有台阶；台阶愈多，身份就愈高。战国和秦汉时的许多高级贵族墓都有台阶，有的甚至达到14级。但是如果从建筑学角度思考，也可能是为了起加固的作用。因为墓穴工程浩大，少则数月、多则数年才能建好，有的之后还要放置很长一段时间，如果不做台阶以扩大墓口，很容易塌方，尤其是在南方多雨地区。同样，用火烧烤坑壁，也是为了达到坚固墓坑的目的。

从整个墓坑来看，就像一个口大底小的方形斗。因为从墓口到墓底深度达16米，站在坑口，俯视深邃的黑洞洞的墓穴，会有头晕目眩之感。正如当年参加此次发掘的湖南省博物馆副馆长侯良描写的："雨季临近，站在坑内，仰望土墙壁立，令人生畏，弄不好真会全部殉葬。"

从墓口往下到墓室的顶部，全部是用五花土填实，下面再使用白膏泥。为了加固，五花土层每隔40厘米左右就夯打一次，非常紧密结实，直径6厘米的圆形夯窝重重叠叠，密密麻麻，清晰可见，加起来的夯土层竟有30多层。夯土层挖走之后，露出了白膏泥。发掘过数以千计古墓的老技工任全生露出了欣喜的笑容，凭着多年的经

○ 一号墓墓坑现场

验和眼下的直觉，他兴奋地向在场的人们预告："墓是完好的，肯定有好东西！"老技工的话，点燃起大家心头希望之火。

白膏泥的学名叫微晶高岭土，颜色白中带青，像糯米糍粑一样，又软又黏。据湖南的考古老专家说，凡是用白膏泥填塞而没有被盗的古墓，墓里的东西就保存得特别好。

因为上下前后左右的白膏泥层厚达1.3米，人站在上面有软绵绵的感觉，这是以前从未见过的。大家像分割糯米糍粑一样，用铲子一铲一铲地把白膏泥割下来。清理完之后，下面又露出一片乌黑的木炭。木炭也像白膏泥一样，上下前后左右，把巨大的木椁团团包住，厚达40厘米至50厘米，人们挖了一筐又一筐，竟有10000多斤。

为什么要用木炭？大家可以猜想到：木炭是一种有很多细孔的无定形碳，吸水和防潮性能很好。古人常将它置于墓室周围，以保护随葬品。随着木炭清理干净，里面又露出了一张张嫩黄色的崭新的竹席。竹席长2米，宽1米，共26张，分4排平铺。令人奇怪的是，每张竹席的角上都墨书一个"家"字。为什么要写一个"家"字，这个"家"有什么意思呢？我们带着这个问题，查阅了司马迁的《史记》。

从《史记·三王世家》中找到的信息令人兴奋，上面有注云："列侯称'家'也。"看来，墓主至少是个列侯级的贵族啊！更引人遐想的是，我们从其他汉代书籍中看到有太子称"家"、皇后称"家"、公主称"家"的记载。不管怎样，从"家"字判断，这个墓主级别不低。我们小心地掀去竹席，里面竟然有一座长6.8米、宽

○ 现场出土的木炭

4.88米的木结构椁室。由于椁室巨大，加之四周填满了木炭和白膏泥，所以椁室比墓坑的下部还要大一些，它向墓坑四壁各掏入30厘米，形成了一个高3.8米、南北长7.6米、东西宽6.7米的空间。在墓坑的北面，有一条宽5.4米的斜坡墓道，它从距离墓底3.5米高的地方，即墓室的顶部开始，以32度的坡度往正北方向延伸。因为后来有高大的现代建筑建造在墓道上面，所以现在只能发掘靠近墓坑大约8米长的一段，估计整个墓道会是很长很长的。为什么要有墓道？它是干什么用的？这是因为这个墓规模太大，从墓口到墓底深达16米。发掘时墓坑数以千计土方的土，都是靠这条墓道运到地面的；埋葬时巨大的棺椁和数以千计的珍贵文物，也是从这条墓道源源不断地运进深邃的墓室的。

"井"字形椁室

到达这里，考古队清楚，已经到达墓主的家门口了，只要一开门，就能见到庐山真面目了。墓主的家是怎样布局的，他是王是侯、是俭是奢、是男是女，都会清楚地呈现在大家面前。经过几天的精心准备，考古队决定继续探索，揭开庐山真面目。

大家把竹席小心翼翼地掀开后，把竹席下面的椁室顶部打扫得干干净净，等一切都准备好后，十几个人一起用劲，把巨大的椁室盖板轻轻地掀开。没想到，下面还有两层。直到掀开第三层椁盖时，墓主人的家才完全地暴露在大家的面前。

　　大家看到，中间是光亮如新的巨棺，四边巨大的边厢里填满了五光十色、琳琅满目的随葬品，数量之多，东西之美，前所未见。面对此景，大家都惊呆了，说不出话来。

　　椁室的结构呈"井"字形，古代叫作"井椁"。井椁虽然在古代文献中经常有谈到，但是谁也没见过。现在，活生生的实景摆在大家面前，而且没有丝毫的破损，这是考古队目前能见到的最完整的实物了。这件井椁由72块巨板制成，大的椁板重达1.5吨，整个巨椁约合成材52立方米。木板的一端断面上，历历可数的树木年轮有近千个。整副巨椁在结构上没有一枚金属钉子，全用扣接、套榫而成，可见其制作的艰辛。

　　椁室为什么要做成"井"字形？其实这个"井"字形椁室跟其他王公贵戚的豪华墓室一样，同样是贵族宫殿的地下模拟。它坐北朝南，北边的头厢犹如墓主人的堂屋和居室，特别宽大，布置也非常阔气和讲究，东、西、南三个边厢模拟主人家的厢房。头厢的底部铺着类似地毯一样的竹席，四周壁上张挂着绚丽丝绸做成的帷幔。为什么要挂上帷幔？因为在汉代，富贵人家的居室或堂屋的墙壁上是张挂锦绣帷幔的。《汉书·货殖传》中记载："富者木土被文锦。""木土"是指房子的墙壁，"被文锦"是指墙壁上挂着用锦绣做成的帷幔。《汉书·贾谊传》也记载："富民墙屋被文绣。"《汉书·东方朔传》中记载：汉武帝的建章宫也是"木土衣绮绣"。可见贵族死后也沿袭了生前的传统。头厢的东边有26个造型优美的木俑，其中10

○ "井"字形椁室

○ 一号墓巨椁

个身着锦绣长袍，双手垂拱于胸前，好像在随时听候主人的差遣，这应是墓主人贴身的高级侍女俑。5个乐俑席地而坐，其中3个鼓瑟，2个吹竽，这应是墓主人家的乐队；还有4个舞俑在翩翩起舞，4个歌俑跪坐在地毯上歌唱；竽瑟并奏，钟鼓齐鸣，舞姿翩翩，歌声悠扬，这应是墓主人特意安排的欢乐歌舞场面。头厢的两侧摆放着各种高级家具和服饰用品，有彩绘屏风、彩绘漆几、绣花枕头、枕巾，一件绣花夹袍，以及扇子、手杖，一只精致的竹熏罩，彩绘陶熏炉内装着香草，还有装满香料的绣花香囊。这表示主人的居室香气弥漫，空气清新，应是墓主卧室的模拟。头厢中部放置盛酒用的漆钟、漆钫、漆壶，许多用红漆或黑漆书写有"君幸酒"三字的酒

○ 全套精美餐具现场照

○ 考古工作者在取出随葬品
因为边厢堆满了贵重的随葬
品，而且堆得有一人高，因此，
只好由几个考古老技工，腰上
系带，从椁板上倒身，头朝下脚
朝天一件一件地取出来

○ 遣策

杯和漆卮。从出土的酒罐和酒具数量分析，墓主人家一日三餐都是要喝点酒的，很可能还常常举行酒宴。与之配套的还有全套精美的餐具：一张绚丽而精致的漆案上，有五只装着各种食品的漆盘，卮汤、卮酒、一碗饭、几串肉串和一双竹筷子。这些餐具上，同样有"君幸食"三字。汉代吃饭是实行分餐制的，即每人一份食物。《后汉书·梁鸿传》记载，每次吃饭时，梁鸿的妻子都将梁鸿吃的那一份饭食放在漆案上，恭恭敬敬地送到梁鸿面前，举案齐眉。头厢的布局，反映了墓主人生前生活起居、歌舞和宴饮的豪华生活。

东边厢放置了312片竹简，它是墓中的账本，汉代对此有个专有名词，叫"遣策"。古代贵族埋葬时，要把随葬品一一登记在遣策上，入葬时，要将遣策与入葬的器物进行一次核对，看看是否有遗漏。除此之外，还有大量漆器、部分陶器和60个木俑。其中有一个木俑与众不同，他头戴高冠，身着深蓝色菱纹罗绮袍，形体比其他木俑高大一倍，神态肃穆。从他身边放的随葬品清单和不同于群俑的冠履服饰看，他可能是墓主人的大管家，即遣策上的"家丞"。其余59个彩绘木俑，当是墓主人的随从和奴婢。

当考古队打开东边厢第133号陶罐时，惊喜地发现，罐内装的竟是杨梅，颜色还是紫红色的，果肉丰满，带着青绿色的果柄，非常新鲜。有人禁不住尝了一口，已经

○ "家丞"木俑

丞是国家为列侯家设置的官吏，领取俸禄

○ 陶罐刚打开时罐中的新鲜杨梅

○ 漆鼎
一号墓出土7件，三号墓出土6件，藕片就
盛放在这样的漆鼎中

没有酸甜的味道了，且带点苦涩。经过两千多年，杨梅虽然还保持着新鲜的外表，但是已经失去了酸甜的内涵。可惜的是，因为打开了陶罐，空气进去了，再加上搬动过程中几经晃动，杨梅的果肉离开了果核，颜色也逐渐变暗了。江南五月，正是杨梅飘香之时，墓主人可能死于五月前后。同样不可思议的事情也发生在揭开第100号云纹漆鼎时，本来里面有半鼎莲藕片浸泡在水中，刚见到时藕片呈乳白色，孔眼清晰，和今天的藕片没有什么不同。但是因为多次搬动以及暴露于空气中，鼎中的藕片不断地减少，等到用卡车运到博物馆后再看时，藕片竟然全部消失了。

南边厢与东边厢的情况

差不多，有39个彩绘木俑，也有一个头戴高冠、身着深蓝色菱纹罗绮袍的木俑。他虽然比其他木俑要高大得多，但比东边厢的着衣木俑还是要小一些，可能是二等管家，即遣策上所说的"家吏"。南边厢有彩绘的钫、钟、釜、甄等精美陶器，光亮如新的漆器和9个精致的箱子。看起来，东边厢和南边厢大概是管家和奴婢居住、活动的地方。

墓中共随葬了48只箱子，西边厢就占了33只，几乎全部被竹箱塞满。竹箱叠压三层，排列整齐，上层7只，中层16只，下层10只。除了西边厢的33只外，南边厢有9只，东边厢有6只。箱子制作较精，是用细竹篾采取"人"字形织法编成的，汉代称作"笥"，其精美程度可与我国南方城乡今天所编织的竹箱媲美。出土时，竹箱分别用朱红色或蓝色苎麻绳索捆扎，有的还有缄封的"軑侯家丞"封

○ 装鸡蛋的箱子

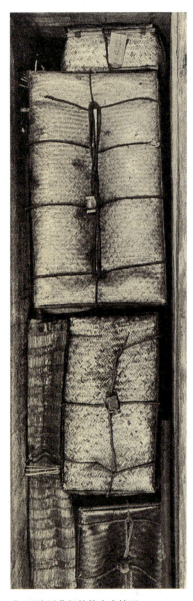

○ 西边厢北部竹箱出土情况

泥匣及标明所盛物品名称的木牌。人们最关心的是这些箱子里装的是什么宝贝，一一打开查看，里面主要装的是高档丝绸和服装，还有食品、中草药和随葬明器。仔细盘点，里面还有数以万计的仿"半两"泥钱，300块仿黄金货币"郢称"的泥金版，精致的竽、瑟等乐器、大竹扇、草席。解开西边厢数十只麻袋，里边装着黄澄澄的稻谷，颜色像是刚收获的稻子一样。经水稻专家鉴定，稻谷的品种极其丰富：有籼米，也有粳米；有长粒、中粒、短粒，也有长稃毛的与无稃毛的。还有大麦、小麦、黍、粟、大豆、赤豆以及芥菜籽、冬葵籽等粮食作物种子，梨、杨梅、大枣、梅子等果品，鸡蛋和蔬菜等食品。显然，这是墓主人的仓库。

在搬运随葬品的过程中，

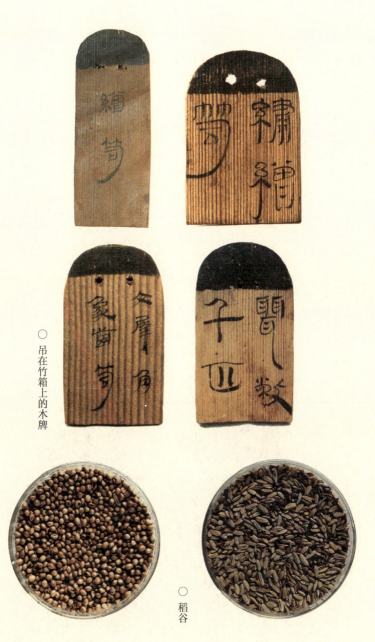

○ 吊在竹箱上的木牌

○ 麻种

○ 稻谷

考古队注意到有用红漆或黑漆书写"轪侯家丞"四个字的物主标记，箱子和一些陶罐上也有印着"轪侯家丞"四字的封泥。封泥的制作就是将捆扎箱子和陶罐的绳子两头放在封泥内，封泥上盖上"轪侯家丞"的印章。如果要开启箱子，须要打碎封泥才能解开绳子，其作用与今天的封条相同。

轪侯，何许人也？查阅《史记》和《汉书》，上面分别记载：汉惠帝二年（前193）四月，长沙国丞相利苍被封为轪侯。轪侯一共传了四代，到汉武帝元封元年（前110），第四代轪侯东海太守利秩因犯罪失去了爵位。

侯的官职有多高呢？大家从史书中了解到，汉高祖刘邦建立西汉王朝之后，对那些帮他打天下的人论功行赏，除了几个劳苦功高者被封为王之外，其余的人均被封以爵位。爵位有20个等级，侯爵

○ "轪侯家丞"封泥

是其中最高的一级。

汉代国家法律规定，在侯爵家设置家吏，由他们来管理侯爵的家事。家吏的首长叫家丞，是侯爵家的大管家。所以，墓中的随葬品均要由他过目，盖上他的印章——"轪侯家丞"封泥。

随葬品上"轪侯家丞"的物主标记和"轪侯家丞"封泥告诉大家，这可能是西汉初期轪侯家的墓葬，距今已有两千一百多年了！

邂逅老夫人

边厢的文物一件件仔细取出、清空后，就剩下墓主的漆棺尚未清理了。漆棺被卡在井字形椁室的中间，四周椁板非常紧密，没有

○ 吊装巨椁的情景

让人下手的空间，只有把椁板拆除方能取出。但是，这个椁室是由72块巨大的木板构成的，每一块木板都非常沉重，其中一块侧板就重达1.5吨，而它们都放置在距地面20米深的墓底，墓坑深邃，四壁陡立，让人望而生畏，靠人力根本无法搬出。因此，考古队请来了数十名吊装工人，花了几天的时间，才用起重机把巨大而沉重的椁板吊上地面。

椁室拆除之后，里面就是一副长2.95米、宽1.5米、高1.44米的乌黑发亮的黑漆木棺。面对这件黑漆棺，大家都在心里猜测：里面究竟还有几副棺木？因为，汉代木椁墓大都一棺一椁，但是王、侯也有使用双层或多层棺椁的。前面考古队就打开了三层椁盖，因此此棺里面有多副棺套葬的可能性也相当大。果然，打开黑漆棺后，

○ 黑地彩绘漆棺
长2.56m
宽1.18m
高1.14m

○ 朱地彩绘漆棺
长2.30m
宽0.92m
高0.89m

○ 羽衣棺
长2.02m
宽0.69m
高0.63m

里面出现一副非常美丽的黑地彩绘漆棺。棺为梓木材质，外髹黑漆，在盖和四壁上彩绘流云、仙人、神怪、禽兽，构成一个奇幻的仙境，其寓意是要借助神兽的威力防御蛇和鬼对于死者的侵害。考古队又打开黑地彩绘漆棺，里边还有一副朱地彩绘漆棺，也是梓木材质，外髹红漆，红漆上用青绿、赤褐、藕褐、黄、白等较明亮的颜色绘出盘绕的苍龙、张口长啸的斑虎、展翅欲飞的凤凰、奔腾的仙鹿、云气缭绕的仙山以及出没其间的仙人，是一幅令人神往的仙景图，用来表达吉祥升仙的主题。把朱地彩绘漆棺打开之后，里边竟然还有一副羽衣棺。它以素绢作地，绒绣镶边，先用粘有黑色羽毛的绢条贴成菱形，再于空白处贴上金色的羽毛。为什么要在这里贴羽毛？据王充《论衡·道虚篇》道："故谓人能生毛羽，毛羽备具，能升天也。"《史记·封禅书》中记载能够见到神仙的栾大身穿羽衣。其他汉代文献记载，当时人们认为凡人要成仙，必须经过羽化的阶段，即所谓"羽化而登仙"。内棺贴上羽毛，实际上是给内棺穿上羽衣，使它能升天，然后墓主人也跟着升天成仙。这是考古队首次发现羽衣棺。因为这具豪华的棺椁有三椁四棺，让考古工作者对墓主人的身世充满了好奇。

考古工作者在羽衣棺上还发现了一件东西，这是一幅平摊在棺木上的大型的彩绘帛画，呈T形。它加上飘带长282厘米，顶端横裹着一根竹竿，上系丝带，可供悬挂之用；下面的四角各缀一根黑色麻布穗状飘带。这幅帛画的形状，很像汉代的衣，墓中的随葬品清单上面称它为"飞衣"，可能有墓主人的灵魂靠这件"飞衣"飞升天

○ 羽衣棺出土时的照片

○ 一号墓飞衣(T形帛画)覆盖在羽衣棺上出土时的情形

国的寓意。如果按现在的习俗来看，它就像乡村出殡仪式上看到的旌幡，出行时做引导用，入葬时作为随葬品覆盖在棺上。

为了保证开棺的万无一失，4月26日，考古队将羽衣内棺从发掘工地运到了湖南省博物馆，27日做开棺准备，28日正式开棺。

28日那天，领导、专家和工作人员济济一堂，大家怀着兴奋的心情，急切地想要看看这华丽的棺内究竟躺着怎样一位人物。然而，棺盖密封得非常严实，黏合尤其牢固，真是天衣无缝。考古专家花了一整天的工夫，才把棺盖揭开。

只见墓主身上穿的和盖着的衣被依然鲜亮夺目。最上面盖着两件袍子，据随葬品清单记载，一件是"长寿绣"绛红绢锦袍，另一件是印花敷彩黄纱丝锦袍，它们虽经两千多年，依旧光彩夺目，灿烂非常。揭去两件丝绸袍子，呈现在人们眼前的是用层层丝绸衾、衣和丝织品严密包裹，用9道丝带捆束的尸体。棺底有20厘米深的液体，尸体连同包裹物有一半被棺液浸泡着。

5月1日，专家们把包裹着的尸体从内棺取出，移置于木架上。5月初的江南，已是春夏之交，气温高达20摄氏度以上。为了保护尸体，工作人员就在它的周围放置大量的冰块、冰袋，使尸体的温度始终保持在12摄氏度以下。专家们解开捆扎的丝带，小心翼翼地把一层层衾、衣揭下来。第一、二层是乘云绣被子，第三层是长寿绣丝锦被，第四层是一床印花加彩绘的丝绸被子，第五层是信期绣丝绸被子，第六层是一件乘云绣绢单衣，第七层是信期绣黄绢单衣，第八层是用灰色的细麻布包裹，第九层是茱萸纹绣丝绸单衣，第十

○ 用丝带衣物捆束包裹的尸体

层至十七层分别是方棋纹绣、信期绣、乘云绣等各种高级丝绸袍子和丝绸单衣，第十八层是用麻衣包裹，第十九层是穿在身上的细麻单衣，第二十层是贴身的信期绣罗绮丝锦袍。里面没有裤子。把这二十层重重包裹的高级丝绸脱下来，是一件很不容易的事情，用了整整一个星期的时间。

墓主人是位女性，身高1.54米，体重34.3公斤，外形完整，面色如生。她和现代中国人一样是淡黄色的皮肤，全身柔软光滑，乍看好像是刚刚死去的样子。再仔细观察，眼睑上的睫毛清晰可见，耳内薄薄的鼓膜仍然完好，脚趾的趾纹和皮肤的毛孔清晰，四肢可以自由弯动。用防腐剂进行体内注射，肌肉随即鼓起，随后又逐渐扩散，和给活人注射没有两样。两千一百多年前埋葬的尸体，竟然如此完好，真是个奇迹！

考古队还注意到，女尸有一双天足。她的脚掌长25厘米，和现在女人的脚差不多，或许还稍大些。看来，两千多年前的女人是不裹脚的啊！

棺内的液体在刚开棺时还是透明的，不久就变成了棕黄色，并发出难闻的奇臭。这是两千多年前的防腐剂吗？经过化验，它有一定的防腐作用。至于是不是预先制好的防腐剂，专家们的看法并不一致。

一位在地下长眠了两千多年的夫人重见天日，不仅轰动了长沙城，而且震惊了世界。据新华社统计，全世界有160多个国家和地区的报纸进行了报道，此事成为当年一大新闻。全省乃至全国闻讯赶来参观的人络绎不绝，停放尸体的湖南省博物馆前人头攒动，大家都想亲眼看看这位老夫人的尊容。因为参观者太多，无法维持正常

○ 四棺一椁结构及女尸直剖图

的秩序，为了防止节外生枝，我们只好在一个夜晚将"夫人"秘密转移到湖南医学院，一场灾难性的参观热潮总算过去了。

后来我们研究发现，老夫人的尸体之所以能保持完好，主要是深埋、墓室严密、多层棺椁的保护、木炭和白膏泥的封闭，以及由此形成的低温缺氧环境所致。由于女尸的新鲜程度惊人，与木乃伊、泥炭鞣尸、尸蜡等状况皆不相同，学者特别称她为"马王堆鲜尸"，这一名称成为日后用来描述类似状态古尸的专有名词。

功亏一篑的三号墓

刚开始我们以为马王堆只有两个坟堆，所以在发掘前将之分别编为一、二号墓。但是，在发掘一号墓的过程中，意外地发现在它的南边还有一个大型汉墓，于是我们又把它命名为三号墓。从地形结构来看，三号墓比一号墓早建，因为它的墓道和墓口均受到了一号墓的破坏，封土堆也被一号墓的封土覆盖了。

一号墓发掘之前，没有想到会出土那么多的珍贵文物，更没有想到会出土一具女尸，所以在思想上、物质上和技术上都准备不足，以致在棺椁打开后，竟然没有想到立刻收集浸泡女尸的棺液，以解开女尸千年不朽之谜。基于这个教训，我们对二、三号墓的发掘并不急于进行，先做充分准备，主要是发掘经费的准备。一号墓发掘时，只申请到8000元的经费；而二、三号墓发掘，经省博物馆预算，

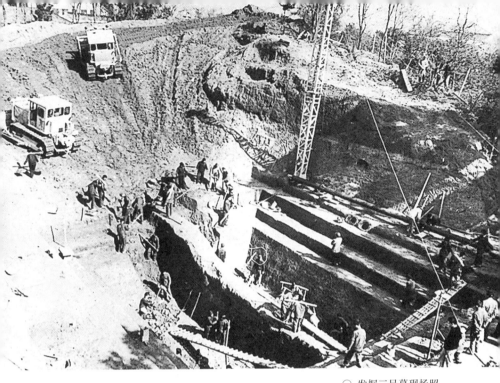

○ 发掘三号墓现场照

大胆申请了9万元经费。令人喜出望外的是，中央政府竟然拨下来20万元。有了钱，我们对发掘中的人力物力准备就更加充分。经过一年多的准备，决定先发掘已经受到破坏的三号墓，时间定在1973年11月12日。

从表面上看，三号墓的封土堆有7.8米高，但仔细观察就发现，封土堆上部的2.3米至4.3米的部分并不是原有的封土，而是一号墓的封土后来覆盖过来的。用推土机推去封土后，一个朝向正北的方形墓口就露出来了。墓口南北长16.3米，东西宽15.4米，形制与一号墓大致相同。墓口往下，是三层台阶（比一号墓少了一层），每层台阶宽和高均为1米左右。台阶以下，是斗形坑壁。墓室的填土为网纹红土，每几十厘米就夯筑一次，总厚度有6.1米。在网纹填土的下面，还有一层网纹红土与青灰白膏泥的混合层，在这混合层中，发现了两件完整的汉代生产工具：一件是铁口木锸，一件是竹筐。显然，这是建墓人遗留下来的。

铁口木锸看上去有九成新，看不到明显的磨损。全长139.5厘米，合汉代五尺左右，重不到1.5公斤，拿在手里，轻重很合适。这件锸的制作从现代人的角度来看也是合乎科学原理的：如左肩比右肩宽，有一块三角形的踏脚，便于着力；又如左肩低于右肩，这样可将压力分散，使锸柄与锸面连接处不易折断。锸面上刻着一个"X"，大概是工具的编号。

锸在史书中经常被提及，如《韩非子·五蠹篇》记载："禹之王天下也，身执耒臿以为民先。"（臿，同"锸"。）《史记·秦始皇本纪》："身自持筑臿。"《汉书·沟洫志》描述开白渠的情况说："举臿为云，决渠为雨。"《盐铁论·国疾篇》说汉代农民"秉耒抱臿，躬耕身织"。可见，锸在古代是非常重要的农业生产工具。但是，我们并不知道它是什么样子。直到这次出土，我们才知道它的面目。在今天的江南水乡，有的地方仍然在使用。

竹筐出土时已被压扁，它是用来装土的。竹筐是用竹篾编结成的，周身用20条皮筋篾和9道绞篾编成"人"字形交叉绞口。筐孔较大，有两个对称的提手。这种竹筐在今天的南方已难见到，但在北方仍然存在，只不过编织的材料不是竹篾，而是藤条。这种竹筐在汉代叫作"笼"。

○ 铁口木锸
长 139.5cm，重约 1.5kg。
木锸面刻有一个"X"，大概
是工具的编号

○ 竹筐出土时的情景

　　这两件重要生产工具的出土，使我们想起了西汉刘安《淮南
子·精神训》里的几句话："今夫徭者揭钁锸，负笼土，盐汗交流，
喘息薄喉。"我们仿佛看见了西汉农民在马王堆这块土地上，举着锄
头、铁锹，背扛土篓，汗流如注，累得气喘吁吁的筑墓情景。

　　填土取完之后，下面同样露出了糯米糍粑似的青灰色白膏泥。
在清理白膏泥的过程中，一位在现场拍摄的老摄影师突然大叫："两千多年前的绿叶!"我闻声走过去,看见他的手里拿着白膏泥中的嫩绿树叶,眼睛里流露出惊奇和兴奋的目光。我真不敢相信眼前发生的事:难道这片绿叶真是两千年前的?会不会是一阵风从什么地方刮过来的?我抬头环顾四周,看到墓坑周边有许多的树,会不会是从树上刚掉下来的?围观的人越来越多,人们激烈地争论着。有人提议:"再挖,如果能再挖出树叶来,便是真的了。"在众目睽睽之下,果然又发掘出几片鲜绿的树叶。人们在惊叹之余感叹道:"真像是刚从树上摘下来的一样!"令人遗憾的是,这些看上去很新鲜的绿叶,不到半小时就开始发黄,变得像煮过了似的。又过了一段时间,就渐渐地变黑了。

后来,我们又在白膏泥中发现了竹子。这竹子刚发现时也很新鲜:嫩黄的竹心,青翠欲滴的竹皮,像刚砍下来的一样。为了把它保存下来,我们马上用白膏泥把它包裹起来,以为这样就没有问题了。但是,过了两天我们再打开来看,竹子早已变黑,而且萎缩了。可见它们一遇见空气就会迅速氧化变黑,枯萎老化。

三号墓椁室的周围和一号墓一样,也是用木炭和青白色膏泥填塞封闭的。白膏泥约厚60厘米至70厘米。把椁室上面的白膏泥和木炭清除之后,同样露出一张嫩黄色的看上去像新的一样的大竹席,竹席的编织方法和现在的一样,也是"人"字形几何花纹。竹席略大于椁室盖板,面积约25平方米。椁室同样是"井"字形,上面覆盖着两层椁板和一层顶板,顶板极薄,厚6厘米多一点,椁板每层有20多厘米厚。把椁板和顶板揭去,椁室中央是三层套棺,比一号墓少了一层。四周是边厢，边厢里盛满了五光十色的各种贵重随葬品。

三号墓的建筑结构几乎和一号墓完全相同，只是规模略小一点。比如，墓深只有17.7米，墓口的台阶也少了一阶，椁室长5.8米，宽5.05米，也比一号墓小。但是，在进椁室的入口处，却多了两个守门的偶人。偶人跪坐于墓道入口的东西两侧，头上插着鹿角，高1米左右。偶人是用木块雕琢而成，高高的鼻梁，圆睁双眼，使人望而生畏。身体外面缠绕着草绳，外面敷着泥巴。这对偶人放在墓室入口的两侧，作用显然很明确：它是幽冥世界的守门人。

关于这种偶人，在《礼记·檀弓》中有一种专门称呼，叫作"刍灵"。郑玄在此书的注中记载："刍灵，束茅为人马；谓之灵者，神之类。"这可以说是护卫亡灵最早的明器。后来，刍灵逐渐发展成方相。《后汉书·礼仪下》记载，出丧的时候，"方相氏黄金四目，蒙熊皮，玄衣朱裳，执戈扬楯，立乘四马先驱"。意思是说：出丧时，要用车子载着木雕的方相为先驱前导，以驱走幽冥世界中的厉鬼。到达墓地后，它就作为保护墓中亡灵的镇墓之神置于墓室入口处的两侧。有的书中也将这种偶人称作土伯。宋玉的《招魂》中说："魂兮归来，君无下此幽都些！土伯九约，其角觺觺些！"从上述文字来看，马王堆三号墓的偶人的确很像土伯：它的头上也有尖锐的鹿角（其角觺觺）。兽角在先秦和汉代是勇敢和力量的象征，像南方楚墓中出土的镇墓兽，头上均有鹿角，显得很威武。"土伯九约"，马王堆三号墓的偶人，身子是用草绳伴泥土缠绕而成的，这不正是"九约"吗？宋玉所记的是南方楚国的风俗，而西汉初期长沙国是楚

○ 三号墓"执卫门户"的土伯出土情形

国故地，那时离楚国灭亡的时间也并不太久，所以在墓里设立"执
卫门户"的土伯，很可能是仍然沿用楚国的葬习。

椁室打开后，吸取发掘一号墓的教训，我们第一件事就是马上
提取棺液。因为棺液一见空气就会发生变化。我们在棺盖上钻孔，
然后把早已准备好的真空泵插入孔口，把棺液抽入真空装置中，以
备化验之用。但是遗憾的是，我们发现三层棺材都有裂缝，棺盖封
闭也不严，内棺虽有棺液250升，但早已被空气腐蚀。棺内的尸体已
腐朽，仅存骨架，经鉴定为男性，年龄三十多岁。

为什么会有这样的结果？事后我们发现，在三号墓椁室南边有
一处宽10多厘米、长110多厘米的空隙，这个地方没有白膏泥，可

○ 三号墓木俑出土情况

能空气就带着细菌从这一狭长的隙缝中进入了椁室和内棺，使尸体
无法保存下来。这座巨大的坟墓，各方面密封措施都很完备，就因
为缺少了这么一点白膏泥，毁于一旦！

在内棺上，我们同样见到了一幅T形帛画，当然，它保存得不
如一号墓的好。

在墓室边厢，我们发现了一块木牍，这是一号墓所没有的。上面用隶书写着："十二年二月乙巳朔戊辰，家丞奋移主葬郎中移葬物一编……具奏主葬君。"原来，这是一件公文，是写给阴曹地府的公文。其意是：汉文帝十二年二月二十四日，轪侯家丞奋把随葬品清单一本，移交给地府的主葬郎中，特此向主葬君报告。

这件公文非常重要，我们据此完全弄清了此墓的主人和他下葬的时间：头一句的"十二年"之前没有年号，这是汉武帝创始年号以前的纪年；查阅西汉前期没有年号的纪年中有"十二年"的，只有汉高祖十二年（前195）和汉文帝初元十二年（前168）；汉高祖时，利苍还没有被封为侯；而此墓中有"轪侯家"铭文的漆器和"轪侯家丞"的封泥，而且还有汉文帝时发行的四铢"半两"铜钱，可见此"十二年"应当是汉文帝十二年。

据1972年山东临沂银雀山二号汉墓出土的元光元年的历谱，我们知道在汉武帝太初改历以前是行颛顼历的。颛顼历是我国古代六历之一，它是以365又1/4日为一回归年，29又499/940日为一朔望月，立春为一年节气的计算起点。按颛顼历的朔闰，二月初一应是乙巳日，木牍上的"二月乙巳朔"就是二月二十四日。从这份公文中，我们知道马王堆三号墓墓主埋葬于汉文帝十二年二月二十四日这一天。

"主葬郎中"和"主葬君"是模拟人间而设想出的阴曹地府的两级官吏，轪侯家墓主随葬了1000多件珍贵的物品，当然要报告给地下的官吏，使其所有权合法化。万一其财产受到侵犯，在阴间打起官司来也有所依据。可见当时的人为死者想得多么周到！这种在墓内放置告阴曹地府公文的习俗，在汉初是颇为流行的，如湖北省江陵凤凰山十号西汉墓就出土了类似的木牍。

三号墓从1973年11月12日开始发掘，到12月13日清理完毕，历时32天。

天圆地方的二号墓

三号墓清理完毕后，天气逐渐变冷。考虑到南方的冬天虽然不像北方那样千里冰封，但也会有冰雪；而且冬季过去，春季又是个多雨的季节，对发掘工作极为不利，因此，只休息了五天，二号墓就开始发掘了。

二号墓在一号墓的正西，彼此毗连，中间只相距23米，大小相似，像个马鞍。为了取得确凿的墓葬信息，我们先用推土机把封土堆东边的一半推掉，以便从裸露的剖面弄清楚封土的内部结构。奇怪的是，封土堆的下面不是像一号墓和三号墓那样的方形墓口，而是圆形的，也没有台阶。现场的考古专家怀疑这不是个墓葬，因为全国发掘过大大小小汉墓数万座，没有一座墓的墓口是圆形的。后来又想到：也许还没有挖到墓口吧。于是再用推土机往下推，1米、2米，一直推到5米多深，仍然是一个圆形的口子。这会不会是疑冢？考古学家又提出了疑问。但是湖南省博物馆的几位考古老技工凭着几十年挖墓的经验，认定这不是疑冢。怎么办？要不要继续挖下去？发掘领导小组召集各方面的专家进行研究和讨论，最后决定用钻探机来探查。结果钻头探到大约10米深处，就发现了白膏泥，接着又发现了椁板。老技工们的话不错，这不是一个疑冢。

墓坑一开始是个圆筒形，到达距墓底3米多深处，墓坑就变成了方形。墓坑的填土也很奇怪，每一层夯土层都像圆顶帐篷那样中央隆起，四周下垂，不像一、三号墓那样，一层一层都是平的。这样的墓葬形制以前都没见过。为什么要建成这样？有的专家认为，这是按照当时人们对宇宙的看法建成的。东汉张衡的《东京赋》说：汉代明堂复庙等建筑，要建成上圆以像天，下方以像地。所以这个墓地就模仿人间的这种建筑，建成"天圆地方"了，整个墓就是一个小宇宙。这种天圆地方的建筑方法，一直到明代还在使用，如明代永乐十八年（1420）建造的北京天坛，就是按照天圆地方的形式建造的。

在这个地下世界的门口，同样跪坐着一对头插鹿角、用木头和泥草做成的守门人。这个墓有好几个盗洞，其中有一个盗洞呈圆形。考古老技工说，这个盗洞的年代最古老。果然，后来在这个盗洞里，

◎ 二号墓发掘封土现场

发现了盗墓人遗留的一只唐代瓷碗和其他一些随葬品残片。据当地居民回忆，1950年，当地的农民协会也曾组织人在这个墓上打洞取宝，当挖到墓室后，发现椁室已崩塌，而且地下水源源不断地涌出，因为无法把水排走，所以进不了墓室，最后一无所获。

墓坑的填土是经过夯打的，在膏泥层发现了一个尚未生锈的铁夯锤。它用铁铸成，是一个口大底略小的铁圆柱，上面应有长长的木柄，以便手执；锤底直径5.5厘米，与夯土上的夯窝大小刚好吻合。椁室周围有10厘米至70厘米厚的木炭，木炭外面填塞白色和黄色的膏泥，很薄。由于墓室密封不好，加上多年来不断被盗掘，椁室已严重腐朽，仅存四层底板。考古学家认为，墓主用的是两至三层套棺。1974年元旦过后，天气越来越冷，严冬将至，发掘工作更加紧张。大家希望在冰雪到来之前结束工作，不拖到多雨的春季。

天上飘着鹅毛大雪，刺骨的北风呼号，但工地现场热气腾腾，我们在带雪的泥水中，把一件件两千多年前的殉葬品捞出来。虽然这座墓一再被盗，但是仍然清理出数百件珍贵文物，有铜器、玉器、漆器、陶器等，其中以漆器数量最多，有200多件，能够辨别出器形的有耳杯、盘、圆壶、奁、匕和器座等，还有几件极为精致的铜扣漆器和螺钿漆器。陶器有鼎、盒、钫、匕、勺和熏炉等，但它们全部被压碎了。此外，还有一些残简记载着墓主人与长沙王的某种关系，有大量的泥半两、泥金饼以及木梳、篦等。

马王堆一、三号墓墓主下葬于西汉文帝时期，汉文帝是中国历史上以节俭著名的皇帝，他在颁布的诏令中说："当今之世，咸嘉生

○ 玉卮

二号墓出土。盖顶阴
刻柿蒂纹,器身刻云
纹,昂首、翘尾、张足
起舞的凤鸟,还有谷
纹,线条流畅,纹饰极
其美观,制作非常精
致,是一件非常难得
的精美玉器

○ 铜弩机

而恶死，厚葬以破业，重服以伤生，吾甚不取。"他生前为自己建了坟墓——霸陵，其随葬品"皆瓦器，不得以金银铜锡为饰"。为全国的官吏和百姓做了榜样。所以一、三号墓随葬品多达3000多件，无金、银、玉器，铜器两墓仅取出一面铜镜。但二号墓情况不同，其下葬时间是在吕后当权时期，还没有上述禁令，所以出土了铜鼎、铜带钩、铜弩机、铜印章、铜扣卮杯等9件铜器，银剑钩、银八方管，玉璧、玉环及各种玉饰件，还有精美的玉卮、鎏金的印章。二号墓墓室的清理工作，终于在冰雪融化之前完毕。这几天的紧张工作，我们永远不会忘记。

三枚印章揭开千古之谜

马王堆汉墓从1972年1月16日开始发掘，到1974年1月13日结束，三座墓的发掘历时两年。

二号墓的发掘最重要的收获是发现了三枚印章：一枚玉印，上刻阴文篆体"利苍"两字，这是墓主人的私印；一枚龟钮鎏金铜印，上刻阴文篆体"轪侯之印"，这是墓主人的爵位印；还有一枚也是龟钮鎏金铜印，上刻阴文篆体"长沙丞相"，这是墓主人的官印。

根据《史记·五宗世家》记载，西汉初期各诸侯丞相使用的是黄金印，直到汉景帝吴楚七国叛乱以后，才改为银印。所以，利苍任长沙丞相时，官印应是黄金印。但墓中出土的是鎏金铜印，显然

○ "利苍"
　私印
长 2cm
宽 2cm
高 1.7cm

○ "轪侯之印"
　爵位印
长 2.2cm
宽 2.2cm
高 1.4cm

○ "长沙丞相"
　官印
长 2.2cm
宽 2.2cm
高 1.5cm

不是原印，而是专为死者做的明器。又据《汉书·百官公卿表》记载，汉初的诸侯是"金印紫绶"，即"轪侯之印"也应该是黄金印，而出土的是鎏金铜印，故也是一件明器。

这三枚印章的出土，为马王堆古墓之谜揭去了最后一层面纱。马王堆确实是西汉初年长沙国丞相轪侯利苍一家的墓地。

发掘工作结束之后，根据出土文物，各墓的主人大体已经明确了。二号墓出土了"利苍""轪侯之印""长沙丞相"三枚印章，墓主就是《史记·惠景间侯者年表》中记载的惠帝二年在长沙丞相任上被封为轪侯的利苍。

一号墓与二号墓紧紧挨在一起，又是东西并列，封土堆也一样大，按照汉代葬俗，这是两座不同穴的夫妻合葬墓。在一号墓的随葬品中，发现了一枚边长2.7厘米的正方形泥质印章，印面长体横排阴文篆书"妾辛追"三字，这应是墓主的私章，她的名字叫辛追。

"妾"从本义讲，是妻妾的妾，男子的正室叫妻，副室叫妾，也就是小老婆的意思。如《汉书·贡禹传》："诸侯妻妾，或至数百人。"但是，这里不能把"妾"理解为她是利苍的妾，因为汉代女人在丈夫面前一般都自称妾，以示谦虚，即使是皇后，在皇帝面前也自称妾。所以辛追虽然是利苍之妻，但也自称"妾"。

辛追是第一代轪侯利苍的妻子，汉代规定："列侯之妻称夫人。列侯死，子复为列侯，乃得称太夫人，子不为列侯不得称也。"辛追为第一代轪侯利苍之妻，第二代轪侯利豨的母亲，利苍去世后，她被称为太夫人。

三号墓出土的随葬器物中，有"轪侯家"的物主铭文和"轪侯家丞"的封泥，还出土了一件纪年木牍，记载墓主下葬的时间是汉文帝十二年二月。墓主为三十多岁的男子，与一号墓墓主相差十七八岁；且三号墓埋在一号墓的脚下：据此判断，两者应是母子关系。另据三号墓出土的遣策记载，墓主拥有"家丞一人"，这个家丞就是前面提到过的"奋"。据史籍记载，只有列侯才有资格设置家丞。说明墓主的身份为列侯，应是第二代轪侯利豨。

此次长沙马王堆汉墓的出土文物，纠正了《史记》和《汉书》中关于墓主的一些错误。第一处错误是第一代轪侯的名字：《汉书》中记载的是"黎朱苍"，《史记》中记载的是"利仓"。从二号墓出土的墓主的三枚印章证实，"黎朱苍"和"利仓"都不准确，应是"利苍"。

第二个错误是第二代轪侯利豨的卒年：《史记·惠景间侯者年表》和《汉书·高惠高后文功臣表》记载，轪侯利豨在位21年，死于汉文帝十五年（前165）。此次轪侯利豨墓中出土木牍记载，利豨去世和下葬的时间是汉文帝十二年，说明《史记》《汉书》所记汉文帝十五年乃是汉文帝十二年之误。此次发掘还纠正了一些历史文献记载的其他错误，我们下文再叙。

2 轪侯家

庞大的乐队

由于马王堆汉墓出土了大量的随葬品，有帛书、生活器具等，且保存完好，让今天的人们有幸了解到两千多年前的中华文明，亲眼看看老祖宗的生活习俗。让我们先来看一下汉代贵族的生活和习俗。

从三座墓发掘的现状来看，汉代贵族轪侯家过的是"饭来张口，衣来伸手"的骄奢生活，因为其侍者如云。三号墓遣策记载："男子明童凡六百七十六人，其十五人吏，九人宦者，二人偶人，四人击鼓、铙、铎，百九十六人从，三百人卒，百五十人奴。""女子明童凡百八十人，其八十人美人，廿人才人，八十人婢。"两项合计共有856人。所谓"明童"，是指墓中的木俑，是代替侍者给死人陪葬的明器。

木俑作为随葬明器大量出现是在战国和汉代。尽管商周是中国古代经济比较繁荣的时期，但当时的王公贵戚是用活人陪葬，用"人殉"，这在大量商周时期墓葬发掘中已得到证实。随着奴隶制度的崩溃，到了战国和汉代，出现了人殉的代用品"木俑"，由木俑代替活人到幽灵世界继续服侍他们。

三号墓实际出土木俑104件，与清单比对，尚缺752件。可见入葬时并不是按照遣策数量实际安放，因为那需要更多的空间。可能的情况是，遣策上的数量是墓主生前侍者的数量，而墓中只放了些重要

侍者的明器。如此推测的原因在于，放在墓中的木俑都能在遣策中找
到他们的记录。如那些身材高大，身着绣花丝绸袍，头上戴冠，制作
比别的木俑要精致得多的男俑，可能就是遣策中所记载的"家丞"
"宦者""谒者"等。那些高大的身着华丽衣饰，雕刻特别精细的女
俑，当是轪侯之妾"美人""才人"的替身。大部分身材较小、制作
简单的彩绘木俑，当是"奴"和"婢"。边厢出土舞俑、歌俑和乐俑
17件，当是遣策记载的"楚歌者""郑舞者""河间舞者""吹、鼓者"
（吹竽、鼓瑟木俑）。因为三号墓是轪侯墓，所以木俑以男性为主。

○
彩绘木俑

一号墓的木俑比三号墓的多，有162件，说明辛追的奴婢可能比利豨多。与三号墓不同的是，一号墓木俑以女性为主。我们在北边厢帷幔内看到有26个木俑放在一起，木俑面前摆着漆几、屏风、手杖、绣枕、香囊，以及装有梳妆用品的奁盒，放有食物的食案，其中10个女俑双手垂拱于胸前，似正听候召唤，从她们的装扮来看，这应是墓主人贴身侍女的明器。另有5个乐俑席地而坐，其中3个鼓瑟，2个吹竽，还有4个舞俑翩翩起舞，这是墓主生前举行宴会和歌舞场面的模拟。东边厢有59个彩绘立俑，南边厢39个，她们和漆器、陶器、竹箱等放在一起，应是从事杂役的奴婢。桃木小俑放置在棺盖板上及其隙缝中。古籍记载，桃木为仙木，可以祛除凶邪。

　　从上述描述来看，马王堆汉墓的木俑可分为两类：一类是侍俑，另一类是歌舞俑；侍俑是马王堆汉墓木俑的主体，他们中又有高级侍俑和低级侍俑之分，高级侍俑是主人的贴身奴婢和随从，低级侍俑是普通的侍俑和杂役俑。

　　这些木俑是汉代木俑艺术的标志，制作得极其精美。比如马王堆一号墓北边厢出土的10件高级侍俑，俑高69厘米至78厘米，两肩平正，比例匀称。发型有两种，一种是垂髻，用竹钉钉于脑后，垂髻下再挽30厘米长的青丝假发，直垂至臀部，这种发式汉代叫"分髾髻"，即髻尾有分髾。另一种是盘髻，即头髻至脑后挽回，总成一束，平展盘旋于头顶。发髻的雕刻非常细致，头发雕成后，用墨染黑。木俑均墨绘眉目，朱绘双唇，面庞清秀，神态娴静，身披菱纹锦镶边的绢地信期绣长袍或描银彩绘云纹纱长袍，充分展示了她们

○ 高级侍俑

温柔的个性和东方女性之美。

低级侍俑比高级侍俑矮一些，身高仅42厘米至51厘米，形体瘦长，面部清癯，两手垂拱于袖中。他们是在木块上用平肉雕的手法雕出人形和衣着轮廓，然后敷白粉为地，再墨绘眉目，朱绘双唇，用红、黑两色彩绘出衣着纹饰。男俑为平头，女俑则于头顶做发髻。

除侍俑外，轪侯家还拥有歌俑和舞俑。在《汉书·杨恽传》中有这样一段记载。杨恽在给朋友的信中说：农家整年辛苦劳作，但逢年过节，就烹煮羔羊、互敬美酒慰劳自己。我的家乡在秦国，我能奏秦国音乐，我的妻子是赵国女子，向来善鼓瑟，奴婢中有几个会唱歌的，于是在酒酣耳热之际，仰天敲打着瓦盆，发出呼呜呜的声音。为此，杨恽作了一首诗，大意是说：田高在阳面，杂草丛生不治理，种一百亩豆子，不收在仓而零落在野外，落地长出弯曲的豆茎。人生不过是行乐罢了，还等待什么富贵呢！

像杨恽这样一家人饮酒作乐的场面，在汉代极为普遍。只是杨恽家只有几个会唱歌的奴婢，而轪侯家则有能歌善舞的奴婢数十人，其歌舞场面要宏大得多、热闹得多！

○『郑舞者四人』遣策

○ 三号墓舞俑（郑舞者）

据遣策记载：三号墓出土歌俑4件，舞俑8件，其中"郑舞者四人""河间舞者四人"；乐俑15件，共27件。一号墓出土歌舞俑8件，乐俑5件。说明轪侯家有一个规模不小的歌舞团。

战国、汉代的"郑""河间"这些地方，是当时著名舞蹈演员的发源之地。《史记·货殖列传》记载："今夫赵女郑姬，设形容，揳鸣琴，揄长袂，蹑利屣，目挑心招，出不远千里，不择老少者，奔

061

富厚也。"用现在的话说，就是"郑、赵地方的姑娘，讲究化妆，弹着鸣琴，穿着尖头的舞鞋，跳起长袖舞蹈，用眼挑逗，用心招引，不辞劳苦，千里外出，招徕顾客，不论是年老的，还是年少的，这都是为了赚钱啊"。同样的记载在《楚辞》《汉书》等书中也能找到，但大多过于简略。只有汉代大文学家傅毅写的《舞赋》，则对当时的舞蹈做了详细、完整、生动的描述：一群郑舞者徐步出场，十六人分两队整齐侍立，服装极其华丽，神情体态柔和而愉悦，红润的脸蛋上焕发着青春的光华，眉毛弯而细长，水汪汪的眼睛左右流盼。这时，那踏节的盘和鼓已经摆好，舞者形舒意广，从容起舞。开始的动作，若俯若仰，时来时往，是那样从容不迫，又是那样惆怅不已。舞蹈继续下去，像是飞翔，又像步行；像是竦立，又像倾斜。每个动作都合乎法度，手指目顾都应着鼓声，轻盈的罗衣随风飘舞，缭绕的长袖纵横交错，轻步曼舞像燕鸟停留，疾步飞腾像鹄鸟夜惊。志在高山，舞姿就挺拔而高昂，有高山峨峨之势；意在流水，舞姿便委婉流畅，似江河浩荡之形。她们的气度高逸如浮云，她们的志操高洁似秋霜。观众备感满意，叹为观止。接着是全体演员陆续进场，按着次序等待起舞。她们的才能相当，争妍斗奇，花一般的容貌更增美丽。超逸的仪态花样迭出，瑰丽的舞姿变化奇谲。斜视盘鼓时闪动着眼神，吟唱歌曲时展露出皓齿。变换行列有统一的安排，来来往往紧紧靠在一起，仿佛是一群仙女出动，盘旋回翔又竦然峙立。拍板快得来不及击打，蹈鼓的足趾从不停顿。翼然而来又悠然而往，遽然间动作戛然静止，等她们回身还入起舞，乐曲进入急迫的节奏。

○ 郑舞

跳跃腾空又屡屡跪倒，跗盘踏鼓用手摩足下跌。弯曲着身体向远处翻腾，惊险的动作摧然似折。细縠舞衣在空中飘动，像蛾之纷纷高飞，迅速得似乎转眼间无影无踪。快速的腾跳如鸟的疾速飞集，松弛舒缓又冉冉如弱柳临风。窈窕的身段委蛇袅娜，像风送彩云一样飘忽不定。体态像游龙一样柔婉，长袖像横空的素霓一样美丽，舞罢徐徐敛容而行礼。这时乐曲也演奏完毕，面带娇羞微笑着慢步引身，按次第的行列退复原位。观者称赞是绚丽的演出，宾客们无不心悦满意……

　　我们读了两千多年前汉代傅毅的动人描述，再看着眼前这些两千多年前的"郑舞者"木俑，她们传递着千年的风韵，仿佛有了生

命似的复活了。这些出土的舞俑头梳垂云髻，身着长袖舞衣，上身前倾，双膝微曲，像在奋袖低昂，顿足起舞。

有舞者必然有歌者。遣策中记载有"楚歌者四人"。"楚歌"在汉初是风靡全国的流行歌曲，因为开国皇帝汉高祖刘邦和主要文武官员，如丞相萧何、曹参，大将周勃、樊哙、夏侯婴等都是楚人。特别是刘邦本人喜欢楚歌，他曾对宠姬戚夫人说："为我楚舞，吾为若楚歌。"他在家乡为他举行的宴会上，唱了豪放的楚歌。"高祖乐楚声，故房中乐楚声也。"（《汉书·礼乐志》）上有所好者，下必效焉，故当时官府民间，楚歌盛行。长沙国为楚地，墓主人轪侯亦是楚人，轪侯家有"楚歌者"是很自然的事情。

歌俑有跪俑和立俑两种，她们面部丰满，敷白粉，头发盘髻。立俑双手握在胸前，嘴微张前伸，好像有悠扬悦耳的歌声传来。在这群歌俑中，有一件着衣歌俑保存最好，她高32.5厘米，头发盘髻，脸部丰满，高鼻梁，丹凤眼，脸上施白粉，唇上涂口红，蛾眉修长，神态中显露一丝浅浅的笑意。她双唇微张，似乎正在吟唱。1995年，马王堆汉墓文物赴荷兰首都阿姆斯特丹展出时，这

○ 楚歌俑

件面带微笑的歌俑引起极大的轰动，荷兰人给她以"东方维纳斯"的美称，并用她做广告，布满了阿姆斯特丹的大街小巷。

有歌舞者，自然会有乐队。在一、三号墓中同样出土了许多乐器，如在三号墓除了出土竽、瑟、黑漆琴各一件以及竹笛两件实物外，还出土了筑、钟、磬等21件明器，而随葬品清单中却还记有建鼓、大鼓、錞于、铙、铎、钟铍等乐器。如果加上一号墓的乐器律管、竽、瑟、铃以及各种乐器明器，共有乐器资料14种45件之多。

在这些随葬的乐器中，以瑟的数量最多，有实物，也有明器，且有楚瑟、河间瑟、郑瑟等不同种类。一号墓的五人乐队中，就有3

○ 有"东方维纳斯"之誉的歌俑

○ 五人乐队,这是墓主人家乐队的模拟

人是鼓瑟的，说明瑟在汉代是一种非常流行的乐器。

　　近一个世纪以来，我国出土春秋至秦汉的瑟有四五十件，但它们大多残缺不全，柱位不详，无法考察其调弦。而马王堆汉墓出土的瑟，却保存得非常完整，25弦完好如初，柱位清清楚楚，所有的部位都齐全，可以说是我国现存最完整的古瑟，为研究我国古代音乐史提供了非常可贵的实物资料。

　　瑟是一弦一音，从墓中出土的鼓瑟俑可得知其弹奏方法：鼓瑟时，横瑟于膝前，双手向前平伸，手心向下，临于瑟上方，大拇指屈向掌心，食指内勾，其余三指微屈，两手食指同时作抹弦之势。也有鼓瑟者把瑟一端置于膝上，另一端斜置于地，其鼓瑟法与前稍

○ 瑟

○ 琴

有不同。洛阳涧西鼓瑟陶俑以及各地出土画像石、画像砖、壁画中的鼓瑟图，多采用此种鼓瑟法。瑟的声音极富感染力，能够表达丰富的思想感情。《尸子》说，瑟既可以奏出欢乐的乐章，也可以奏出悲伤的曲调。因而，它在漫长的历史长河中，留下许多美丽的传说。如舜帝南巡不返，帝妃湘灵垂泪鼓瑟，其凄怨的瑟声，萦回于数千年的历史长空。

墓中另有一件通体黑漆的明器引起了我们的注意。该器长31.3厘米，形如四棱长方木棒，首部的蘑菇形柱上，还残存缠绕着的弦丝。尾部细长，首尾两端各嵌一横排竹钉，能张五条弦。这是什么东西？发掘现场的人，包括考古学家在内，谁都不认识。所以，我们在编写《长沙马王堆二、三号汉墓发掘简报》时，根本就没有提起它。后来，音乐家根据随葬品清单的记载，才认出它是一件早已失传了的非常珍贵的古代乐器——筑。

筑在战国、秦汉时期是非常有名的乐器，古籍中有很多关于它的记载。《史记》中说，荆轲去刺秦王，从燕国出发的时候，燕国太子携众人到易水边送行，这时，高渐离击筑，荆轲合着筑声而歌，筑击出"变徵"的凄凉曲调，送行的人听了都掉下泪来。荆轲又唱道："风萧萧兮易水寒，壮士一去兮不复还！"这时，筑又击出"羽声"，悲壮慷慨的筑声，使送行的人听了，个个怒发冲冠！于是荆轲上车，头也不回地出发了。

筑在战国时已相当流行，击筑成为当时民间八大游乐之一。汉代人们对击筑的热爱程度，比起先秦来有增无减。如汉高祖刘邦统

○ 角虚击筑图

兵在淮北战场击败劲敌英布后回到故乡，在召集亲戚故旧的酒会上，亲自击筑高歌道："大风起兮云飞扬，威加海内兮归故乡，安得猛士兮守四方！"高祖的姬妾戚夫人善于击筑，他常常要戚夫人击筑，自己唱歌。每次演奏完毕时，他总是泪水涟涟！

筑这种乐器，由于适合演奏悲壮慷慨的音乐，所以常常用来在军中鼓舞士气，提振军威。可惜的是，此前的已知音乐文物资料，也有见过局部残片的，但并无哪怕是得以窥见部分器形的较完整的器物出土。对于此次筑的出土，音乐学家黄翔鹏教授欣喜地写道："筑，亦即高渐离演奏为荆轲送行，又曾利用其共鸣箱的体积，填以重金属的铅块，预谋打杀嬴政的这种击弦乐器，再现于今人面前。"其欣喜之情，跃然纸上。

从"滥竽充数"这则成语，我们可能对竽已经有所了解。竽是一种音域较广的低簧管乐器，在春秋至秦汉时期，它是各种乐器的首领，所谓："竽者，五声之长，竽先则钟瑟皆随，竽唱则诸乐皆和。"竽也经常和瑟一起演奏：竽和瑟急管繁弦地合奏，响亮的大鼓不停地敲响，整个宫廷在音乐中振荡，奏出楚歌高昂的激音。尽管古籍中对竽乐有许多记载，但今天有谁见过竽的实物？有谁知道竽是什么样子？所以，这次出土了两件竽，尤其在三号墓出土的是真器，令人欣喜！这种汉代常见的簧管乐器，形状如笙，用竹木制成。东汉应劭在《风俗通》中说："竽，竹簧。"什么叫"竹簧"？音乐家解释说："竹簧是把周边凸起中间削薄的长方形竹片，从中间三面切开，作为簧舌，簧舌根部与框体相连。这种竹簧属于自由簧。簧舌在气流激发下可以在框中自由振动。"三号墓的竽出土时，我们发现它有簧片，知道它是真器，但是并不了解它的奥妙。直到十多年后，柳羽先生1986年在《乐器》第5期发表一篇题为《时过十余载，在长沙马王堆汉墓出土文物中发现金属簧片》的文章，音乐专家们才发现，在这件竽的簧舌上端，还粘有白色小珠，颇似金属，这是用来改变簧舌的重量、调整振动的频率以控制音高的，也就是现在仍在使用的"点簧"之术。在我国古代乐器的分类中，竽是属于"匏"类。《旧唐书·音乐志》说："今（唐）之竽、笙，并以木代匏而漆之。"匏即匏瓜，俗称瓢葫。古代竽斗是用天然匏瓜制成的，唐代用木斗代替匏瓜，曾被认为是乐器制作的一种进步。此次三号墓木斗竽的出土，证明这种进步早在西汉就已经发生了。

在一件有12个筒形的绣花袋中，我们发现12支竹管，下部分别墨书黄钟、大吕、太簇、夹钟、姑洗、仲吕、蕤宾、林钟、夷则、南吕、无射、应钟十二律吕名称，经与随葬品清单对照，我们知道此件器物叫竽律。

竽律，顾名思义是用来调竽的音律的。竽是诸乐之首，竽的调准不准，又用什么来鉴定呢？于是，两千多年前一位没有留下姓名的音乐家，就发明了竽律，专门用来检测竽的音调，用来吹律审声。这套律管出土后做过测音实验，发现是一件明器。不过，即使是明器，我们也没有多大失望，因为它太重要了！因为竽律这种器物，在古代文献中没有记载，而实物和简文中有关竽律的名字，也都是首次发现。它使我们知道，中国历史上曾经还有过竽律这种重要的

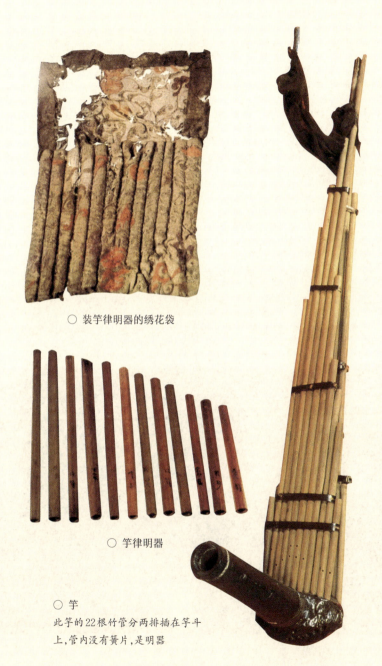

○ 装竽律明器的绣花袋

○ 竽律明器

○ 竽
此竽的22根竹管分两排插在竽斗
上,管内没有簧片,是明器

定音律管，这套律管上墨书的律名与文献记载的十二律名是符合的，说明文献记载的"三分损益相生"的十二律管是确实存在的。

漆器宝库

1978年，考古学家在距今七千年的河姆渡新石器时期遗址中，发现了一只漆木碗，这是目前世界上已知年代最早的漆器。此后，漆器工艺就像早晨初升的太阳蓬勃发展，到了西汉，中国漆器进入了灿烂辉煌的巅峰时代。

汉代文献中，有大量关于漆器繁荣的文字记载。《史记·货殖列

○ 现场出土的漆器

传》记载：全国各地市场上，"木器髹者千枚""漆千斗"；还出现了"陈、夏千亩漆"的大规模商品漆生产基地；全国各地公私漆器作坊星罗棋布，说明在汉代，漆器已成为人们日常生活中的必需品。西汉扬雄在《蜀都赋》中记载，成都的漆器作坊，"雕镂釦器，百伎千工"，规模宏大。而马王堆汉墓的漆器，也有不少烙有"成市草"的印记，"草"是造的意思，即这些漆器是四川成都的作坊制造的。遣策上也有"蜀鼎六"的字样，说明有6件漆鼎来自蜀郡成都。《盐铁论》记载：汉代漆器乃"养生送终之具也"。意思是说当时的人们不仅生前大量使用漆器，而且死后还用漆器大量陪葬，在另一个世界里继续享用。马王堆汉墓大量漆器的出土，正是此言最好的注解。

马王堆汉墓共出土700多件漆器，数量之多，在国内考古界极为罕见。仅餐具就有鼎、钫、钟、盘、盒、匕、卮、勺、耳杯、耳杯盒、盂、食案、食奁等，家具有屏风、几，娱乐用品有博具、琴、瑟、竽等，梳妆用品有奁，盥洗用品有盆、沐盘，兵器有弓、箭、矢、兵器架、剑、弩、戈、矛等，除此之外，还有大型葬具漆棺。

马王堆汉墓漆器的胎骨质地有：木胎、竹胎、陶胎、角胎、丝胎、夹纻胎，其中木胎占绝大多数。木胎有三种制法：一种是旋木胎，将木胎置车床上，用钢铁刀具旋出外壁和底部，再挖凿出腹腔。旋木胎一般都比较厚重，鼎、盒、钟、盂、盘等是用这种方法制造出来的。二是斫木胎，是用刨、削、剜、凿等方法斫削出来的，耳杯、耳杯盒、匜、钫、匕、案等是用这种方法制造出来的。三是卷木胎，是用很薄的木片卷成圆筒形，接榫处或用木钉钉住，或削成

驆毚村一有盨盛米酒

○ 盛米酒的漆钫及记事遣策

○ 漆勺

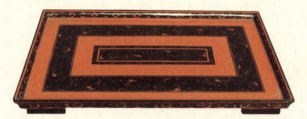

○ 漆盘

○ 漆案

斜面，用胶漆黏合，再用一块圆形木板做底。为了不露接缝的痕迹，木胎上裱一层麻布，使器表光滑平整，然后再髹漆，如卮、奁等就是用这种方法制成的。卷木胎是一种非常轻巧的漆器，但它的制作需要精细的刀具和高超的技术。在先秦时期，由于刀具和技术条件所限，卷木胎漆器并不多见。但在马王堆汉墓中，卷木胎漆器数量已非常可观，说明当时已能大量生产了。

竹胎漆器只有几件。角胎仅见于三号墓的角质髹漆兵器（明器）。陶胎主要有鼎、盒、钫等。它们是将陶胎表面打磨光滑后髹漆。丝胎只有一件，那就是漆纚纱帽，它是用纱编织成菱形孔的帽子，然后涂上一层厚厚的深褐色漆，孔眼仍然清晰，乍一看，好像是用乌黑发亮的金属丝编织一般。

夹纻胎是战国晚期才发明的漆器新工艺，但马王堆汉墓已有不少此类漆器，而且非常精致。夹纻胎是先用木或泥土制成模子，然后在模子上层层裱涂有漆灰的麻布，干固后去其模，便形成了漆器的胎。由于麻布夹在漆灰中间，人们称它为夹纻胎。后世称这种制胎工艺为"脱胎法"。

以麻布为胎的漆器，在马王堆汉墓遣策中称为"布胎"，这是夹纻胎的早期称呼。马王堆一号墓遣策竹简181号有"漆布小卮一"的记录，与墓中实物对照，这是一件麻布胎漆卮。马王堆三号墓遣策简246号有"髹布小卮二，容二升，有盖"；简265号有"布付篓一，长尺一寸"，"付篓"是对小漆奁的称呼。"布小卮"和"布付篓"在三号墓中，与此对应的是麻布胎小漆卮和麻布胎小漆奁。

马王堆漆器还有同时用麻布和缯帛为胎的，墓中遣策有"布缯检"的记载。缯是古代各种丝绸的统称，所谓"布缯检"就是用麻布和缯帛为胎的漆奁。如一号墓遣策简233号"布缯检一，中有镜"。该墓发掘报告说，这件布缯检"奁"的器壁裂缝处，还可以清楚看到麻布纹路和细密的丝帛纹路，估计是在麻布胎上再裱一层丝帛。三号墓也有两件"布缯"胎漆器，一件是盛有帛书的漆奁，另一件是锥画狩猎纹圆漆奁。缯帛比麻布柔软细密，用它来制胎，能使漆器表面更加光洁美观，造型更加轻巧，其价值当较布胎漆器高。一如汉代贫穷的老百姓穿布衣，富贵人家穿丝绸，造价较高的缯胎漆器，多为富贵人家使用。马王堆汉墓墓主人是轪侯，故多缯胎漆器。

马王堆汉墓漆器华美典雅，大多装饰有精美的纹饰。一号墓184件漆器中，有134件有花纹装饰；三号墓316件漆器中，有218件有装饰。其装饰手法多样，有漆画、油彩画、锥画、堆漆画、金银镶嵌、雕镂、贴花等，其中以漆画和油彩画为主要的装饰手法。

用漆调矿物颜料绘制的画就叫漆画。在漆液中，加进各种颜料，就可以制成各种色漆。如汉代文献中常常说到的"丹漆"，就是在漆液中加进丹砂制成的朱色漆。但漆液中加进颜料，只能配制出颜色较深的漆，因为生漆刚从树上采割下来时为乳白色，接触空气氧化后，逐渐变为紫红色，最后变为光亮的黑色漆膜，即所谓"白似雪、红似血、黑似铁"。所以西汉刘安的《淮南子·齐俗训》说"漆不厌黑"，《淮南子·说山训》又说："染者先青而后黑则可，先黑而后青

○ 朱地彩绘漆棺

长 230cm

宽 92cm

高 89cm

则不可；工人下漆而上丹则可，下丹而上漆则不可，万事由此，所先后上下，不可不审。"为什么"下丹而上漆则不可"呢？这是因为漆是黑色的，如果在丹色上漆，丹色就会被漆的黑色所遮盖而看不见，故《髹饰录》说："漆之为体，其色黑。"

要绘制浅淡色的花纹，不能用漆，只能用天然干性植物油调浅淡色颜料制成的油彩。因为这种油与漆不同，它是透明的，任何颜色都可以调制出来。况且，这一类油的涂层干燥性能较好，涂后几天就能干燥成膜，干后的油膜不软化，不易被溶剂所溶解，几乎不溶于有机溶剂中，所以明代漆艺大师杨明注《髹饰录》说："如天蓝、雪白、桃红则漆所不相应也，古人画饰多用油。"

凡是浅色、淡色，必须用油，就是在油中加入浅淡色颜料制成，用这种方法制成的色漆，称为“油漆”。由于油调矿物颜料黏稠不易展开，没有渗透，用它绘画具有浅浮雕感，所以有人说，这种绘画方法，应该是油画。事实上，汉代就是称它为“油画”，如《后汉书·志·舆服上》记载：“大贵人、贵人、公主、王妃、封君油画軿车。”这里所谓的“油画軿车”，就是指用桐油调颜料来描绘花纹的车子。马王堆漆器上的红、黑和褐色花纹是漆画，天蓝、雪白、桃红、嫩黄色花纹是油画。马王堆的漆画和油画，都是用毛笔来绘画的，主要有红描、平涂和渲染，而其中又以红描为主。

过去一直认为油画是从西方传到中国来的，但是美术史专家看了马王堆汉墓一些油画漆器后，认为油画的故乡在中国。只是由于在西汉以后，漆器上的油画被新兴的镶嵌、锥画等技法所代替，加之单线平涂的绢画、纸画和壁画的兴起，使油画逐渐衰落而失传。

这里要特别提一下一号墓出土的漆盘，这是先秦和汉代罕见的大型漆盘。盘面彩绘龙纹。龙纹是吉祥纹饰，马王堆出土的漆器上多有此种纹饰，它总是和云气纹相结合。《淮南子·天文训》说：“龙举而景云属。”马王堆汉墓漆器上的龙，和云气混沌不分，有的乍看是团云气，但仔细看，这团云气又变成了一条正在腾飞的龙。孔子对老子说：“吾乃今于是乎见龙。龙，合而成体，散而成章，乘云气而养乎阴阳。”他认为龙有时好像只是一团飘忽不定的云气。此漆盘是用云气纹组成龙的须角、鳞爪。这种龙与云气浑然一体的云龙纹装饰画，表现出一种轻快的调子，给人以虚幻缥缈的感觉，弥漫着天国的神秘色彩，它不仅富有浪漫主义气息，而且把漆器工艺

○ 漆盘及图案线描图

美术推向了轻盈、飘逸的艺术高峰。

在马王堆汉墓的漆器上，我们还发现了一种新的图画方法，精美的花纹图案是刻画出来的。三号墓的随葬品清单上称之为"锥画"。

锥画是汉代漆器的一种新工艺，它是在漆膜尚未完全干燥时用金属锥刻画图案，线条比头发丝还要细，能在很小的画面内刻出很丰富的内容来。将三号墓随葬品清单中的"锥画漆奁"与墓中随葬品实物对照，发现这是两件刻有花纹的漆奁。由此可知，这种漆器图案手法叫"锥画"。这是我们目前能见到的最早的锥画。

锥画有两种，一种是白描，即用锥子刻画好图案后，不再加装饰；另一种则是加彩，最常见的是加红彩，其次是加黄彩或褐彩。

加彩的方法有点和钩，如一号墓的锥画神兽纹漆卮，在锥画神兽的嘴、舌、爪等处，均用红色点绘，使其醒目。而在博具盒盖上，也有用红漆点绘锥画鸟的翅膀、兽的足和尾。

锥画的内容有云气纹、几何纹和各种动物、植物、山水、狩猎场面、神话故事等。如三号墓的锥画狩猎纹漆奁，虽然高仅17厘米，奁径仅28厘米，但其锥画的内容却非常丰富，天空有云彩舒卷、飞鸟展翅凌云，水底有鱼群潜游，地面有小兔奔跑，小耗子在匍匐爬行，还有神人乘豹和狩猎图。狩猎图描绘了一个手执长矛的猎人，正在追赶两头仓皇逃命的梅花鹿：一头撒腿急急逃窜，一头腾空跳跃着奔跑，气氛紧张，动感强烈。

堆漆画是利用漆黏稠不易展开的特性，使图像高出画面，有时还特意用漆灰或油灰堆起，使图像具有立体感，有如后世的沥粉堆金。如一号墓的红地彩绘漆棺的云气纹，黑地彩绘漆棺的云虚纹轮廓线，动物的爪、牙，明显凸出画面，有浅浮雕的装饰效果。三号墓油画堆漆云气纹长方形漆奁，其云气纹是先用漆灰堆成凸起的白线勾边，再内填红、蓝、黄三色油彩。这是目前能见到的最早的堆漆画和堆漆填彩工艺实物。堆漆画是西汉初期发明的漆器新工艺，这种新工艺发明后，便成了中国主要的传统漆艺之一。

就拿那件极具代表性的黑地彩绘漆棺来看，这件漆棺外表，除底部外，均以黑漆为地，彩绘了内容极其生动复杂的云虚纹。所谓云虚纹是在云气中画各种神兽、神禽和神仙的图案，这是汉代人们对幻想中的仙山和天堂的具体描绘。棺上画云虚纹是汉代贵族的一

○ 神兽纹漆卮中锥画纹饰展开图

○ 漆奁上的锥画纹饰狩猎图特写

○ 油画堆漆云气纹长方形漆奁

三号墓出土,高21cm,长48.5cm,宽25.5cm,出土时,内装一顶乌纱帽

个等级标志，所以轪侯夫人的棺上也画了云虚纹。

黑地彩绘漆棺上面，在漫卷的流云中，描绘了100多种神仙、神禽和神兽，如凤鸟、仙鹤、豹、枭、牛、鹿、马、兔、鱼、蛇、鹭、狐、多尾兽等，其中数量最多的是一种头长鹿角的神兽，它大概就是汉人经常提到的名叫"角虚"的神兽。晋崔豹《古今注》说："汉成帝顾成庙……画飞云龙角虚于其上。"西汉贾谊《虚赋》形容说："象巨兽之屈奇兮"，"戴高角之峨峨"。因其躯体高大，所以又叫巨虚。汉镜常有这样的铭文："巨虚辟邪除群凶"，"角王距虚辟不祥"。说明角虚是能"辟邪除凶"的神兽。另外还有不少神仙衔蛇、操蛇、啖蛇的画面，还有一些多尾神兽，这在《山海经》中也有记载。它们形态各异，变化多端，几乎每一种动物都有令人神往的故事，能

○ 黑地彩绘漆棺云虚纹画中的角虚骑兽图

○ 黑地彩绘漆棺
　长 256cm
　宽 118cm
　高 114cm

○ 角虚狩猎图

○ 我国现存最早的竹雕工艺品

长62cm

把人们带进浪漫的神幻世界。此棺画面色调较暗，是在黑地上绘以紫灰、银灰、粉绿等，并适当地加进一些其他的颜色。如果将彩绘云层的色阶排列开来，发现是红—橙—黄—草黄—粉绿—灰绿，或紫红—橙黄—鹅黄—灰黄—紫红等。这样的色彩排列，真像横空的彩虹那样美丽。这副漆棺使用了堆漆画法，即后世所谓的"铁线描"，这是目前发现的年代最早的堆漆画。

雕镂是先秦时期传统的漆器装饰手法，汉代仍在使用，且有所发展。如一号墓的龙纹竹雕漆勺，是一件集透雕、浮雕、彩绘于一身的漆器。勺斗用竹节制成筒形，斗内髹红漆，外壁黑漆为地，彩绘几何纹和柿蒂纹，长柄亦为竹胎，用透雕、浮雕的手法，精雕编辫纹和龙纹，龙身绘黑漆，龙爪和鳞描红，张口吐舌，扭动身躯，向前爬行，形象栩栩如生，这是我国现存年代最早的竹雕工艺品。三号墓出土三件竹雕的漆勺，同样精美。

贴花工艺有金箔贴花、羽毛贴花和锦绣贴花。金箔贴花始于商代，汉代仍在使用，但装饰方法有所变化。与以往不同的是在所贴金箔之上，还加彩绘。如一号墓的贴金箔彩绘九子漆奁，在深褐色漆地上贴金箔云气纹，金箔上再用红、白色油彩进行彩绘。用羽毛和锦绣贴花的漆器只有一件，那就是羽毛锦绣内棺，它的四壁和盖板均以树纹铺绒绣粘贴镶边，中央贴以黑色羽毛和赤色羽毛组成的图案。

铺绒绣是以烟色绢为地，用朱红、深棕色和烟色丝线绣成。花纹为长宽各4厘米的深色斜方格，内填红地烟色树纹。作为主题花纹的树纹，倒过来看又像个"吉"字、"寿"字，有"吉祥""长寿"之寓意。菱花贴毛锦的加工方法，可以是先将绢研光和上浆处理，再用红、黑等不同的颜色绘出菱形图案作地，然后再分别顺贴橘红、青黑两色羽毛，两色羽毛之间又贴有宽2.8毫米的绢条，使其差别明显；每片中央和两侧的柿蒂等形花饰，则是用贴有羽毛的一定形状绢片另外附加的。这种贴毛锦，过去也没有出土过。

这棺上贴的橘红、青黑两色羽毛是什么鸟的羽毛呢？有的研究者认为是"翟雉的各种彩色羽毛"。但是据汉代文献记载和出土实物对照，这并非"翟雉"的羽毛，而是翡翠鸟的羽毛。

翡翠鸟分翡鸟和翠鸟，因为它们非常美丽，其名被借用称呼最美丽的玉石。

汉代和先秦文献中对翡翠鸟有许多记载，在《后汉书》注"翡翠"中除了有"翠鸟形似燕，翡赤而翠青"外，特别指出"其羽可以为饰"。《汉书·贾山传》记载，贾山上书汉文帝说，秦始皇"死葬乎骊山"，"被以珠玉，饰以翡翠"，说明秦始皇的棺是用翡翠鸟羽毛装饰的。据上述记载，可以确认马王堆一号汉墓内棺所饰赤色的羽毛是翡鸟的羽毛，青色的羽毛是翠鸟的羽毛。

为什么要把羽毛贴在内棺上呢？除了装饰的作用外，汉人还笃信羽化能登仙。据汉代文献记载，当时人们认为凡人要升仙，必须经过"羽化登仙"的阶段。东汉王充《论衡·道虚篇》说："故谓人能生毛羽，毛羽备具，能升天也。"又说："为道学仙之人，能先生数寸之毛羽，从地自奋，升楼台之陛，乃可谓升天。"汉代谓仙人为羽人。《拾遗记》卷二记载一位仙人的形象，浑身长满了羽毛。西汉刘向的《列仙传》记载一个叫偓佺的人，体生羽毛，飞升成仙。葛

○ 羽衣棺的图案

090

洪《神仙传》记载沈义遇到一个身穿羽衣的神仙。《史记·封禅书》记载能够见到神仙的栾大身着羽衣。考古发现汉代画像石、漆画、帛画、壁画以及各种绘画中的仙人，几乎都是羽人。马王堆一号汉墓四层套棺中，也都有羽人的形象。

马王堆汉墓的漆器品种繁多，器形也很复杂，作画的面有凸面、凹面、曲面，有圆形、长方形、椭圆形、菱形、半月形以及各种不规则的几何形面，画家必须根据各种器形的具体情况设计出符合美学原理的图案和纹饰。

从出土的漆器图案看，画家充分运用了对称与平衡的构图原则，在圆形、方形、椭圆形、长方形、三角形或菱形等轮廓线内，常常采用对剖、三剖、十字剖的构图法。如一号墓的云纹"君幸酒"漆耳杯，就是十字剖的构图法；三号墓的三凤纹漆盒，则是三剖构图法，即围绕圆心有三组凤纹图案，各组图案既独立，又相连，构成一个整体；而"君幸食"漆耳杯，就是对剖构图的范例。它们有极好的平衡感，使布局既严谨又活泼。

汉代漆器工艺属于精密手工业，许多大型漆器作坊，其内部专业分工是很细的，每一个工人只负责一道工序，专业化程度很高。而且，他们采用流水作业，所以能成千上万件地大批量生产。

从贵州省清镇汉墓出土的一件西汉漆耳杯上的铭文，我们能看到漆器生产的过程：先由素工制胎，接着由髹工初步上漆，再由上工再次上漆，最后由黄涂工在漆器上安装金属配件，并在配件上涂金。以上几道工序完成后，一件漆器就大体完成了。

○ 三剖构图法的三凤纹漆盒

○ 十字剖"君幸酒"云纹漆耳杯(左)　此器相当于今天的酒杯
○ 对剖"君幸食"漆耳杯(中、右)　此器相当于今天的饭碗

马王堆汉墓随葬品清单记载的漆器名字中，不少有"泪"字，如"髹泪幸食杯""髹泪食奁"等。"泪"是什么意思呢？我们查遍了古今字典，都找不到这个字。大家就纷纷进行推测，于是就有了许多种说法。比较一致的推测是：泪工可能是负责将刚上好漆的漆器放进荫室中，让漆膜干燥的工匠。

为什么漆器要放在荫室晾干而不是用通常的干燥办法，如阳光曝晒、风干、火烤？因为漆由液态干燥成固体漆膜，不是失去水分造成的，而是漆的氧化聚合成膜的结果。那么漆要在什么条件下才能聚合成膜呢？人们通过长期实践，发现漆的主要成分是漆酚，在阴湿的环境中最易聚合成膜。最理想的环境是相对湿度在75%至80%，温度在20℃至30℃的荫室，只有在这样的环境中生产的漆器，才能干得快，生产周期短，质量最好；否则生产周期很长，会出现起皱、干裂等现象。而且漆的黏性极强，容易沾上空气中的灰尘和杂物，一经沾上就去不掉了。所以古人用荫室制造人工小环境，来制造优质的漆器。

○ 有『泪』字的随葬品清单

《史记·滑稽列传》记载了这样一件事：秦二世刚当上皇帝，就想要漆他的京城。他的臣子优旃说："这个主意很好！皇上即使不提出，我也会请求皇上这么做。漆城虽然浪费人民的钱财，使人民愁苦，可是漆起来的确好，把城漆得平平滑滑的，敌人来了就爬不上去。如果要做，替城墙上漆的工作是容易的，困难的倒是让城阴干的大房子（荫室）怎么建造呢？"秦二世听后笑了，从此再也不提漆城的事了。

漆器在荫室阴干之后，最后一道工序就是在漆器运出作坊之前，要将漆器清洗、修整和检验一遍。这一项工作是由清工去完成的。

一切应做的事都做完了，作为工场主任的"造工"就要签上名字，表示对产品全面负责。马王堆的漆器不仅造型别致，而且画面精美绝伦，这是因为在完成上述工序后，工匠们还在漆器上画上了花纹，有漆画、油画、锥画，这些花纹创作技巧独特，显示了古代劳动人民的创造才能。

精美的陶器

马王堆汉墓除出土了大量的丝绸和漆器，还出土了大量的精美陶器，品种非常丰富，有鼎、盒、镬壶、钟、钫、瓶、豆、壶、熏炉、瓿、釜、罐等10多种。它们是轪侯家的实用器皿，是当时最高档陶器的代表。

据《中国陶瓷史》说，早在八千年前的新石器时代，我国的先民就已经会制造和使用陶器。《河南陶瓷史》则进一步指出："中国最早的陶器出现在河南新郑裴李岗文化时期，距今已有近八千年的历史。"而周世荣先生编辑的《湖南古墓与古窑址》一书称，上述观点已经过时了。1988年湖南省考古工作者在澧县彭头山新石器时代古文化遗址中发现了比较原始的贴塑成形的圜底器和少量的三足器……经北京大学考古系用碳14测试，其年代距今9100±200年，比北方裴李岗文化早一千年左右。后来湖南省又在道县玉蟾岩洞穴遗址中发现了更加原始的夹粗砂夹碳褐色尖底深腹大口罐。经测试，其年代至少一万年以上。说明目前发现的最早的原始陶器始见于湖南。上述观点能进一步印证，马王堆汉墓的陶器是汉代高档陶器的代表。

马王堆汉墓出土的陶器可分为三类：青釉印纹硬陶器、彩绘陶器和"锡涂"陶器。

我们先来看一下青釉印纹硬陶器。在马王堆汉墓一号墓中出土了青釉印纹硬陶器24件，它们胎质坚硬，呈紫褐色、红褐色，叩之作金属声；表面施以黄绿色、褐色等青釉，釉色晶莹，器物的肩部均拍印席纹，腹部是方格纹。

印纹硬陶是古代百越陶瓷文化的主要特征，湖南古代属百越地区，因此马王堆汉墓的印纹硬陶应是古越族印纹硬陶的继承和发展。

《中国陶瓷史》中介绍道，印纹硬陶的胎质比一般泥质或夹砂陶

○ 青釉印纹硬陶瓿

器细腻、坚硬，烧成温度也比一般的陶器高，而且在器表又拍印以几何图案为主的纹饰。由于印纹硬陶所用的原料含铁量较高，所以印纹硬陶器的表里和胎质的颜色多呈紫褐色、红褐色、灰褐色和黄褐色。其中以紫褐色印纹硬陶的烧成温度最高，有的已达到烧结程度。少数印纹硬陶的器表还出现因窑内高温熔化而形成的光泽，好像施有一层薄釉似的，击之可以发出和原始瓷器类同的金石声。印纹硬陶的胎质原料，基本上和同期的原始瓷器类同，在胎质化学组成分布图上，印纹硬陶和原始瓷器的化学组成是混在一起的，只是印纹硬陶的三氧化二铁含量较原始瓷器多些。

众所周知，瓷器的形成主要决定于两个因素：胎与釉。从马王堆汉墓陶器的胎与釉来看，均已近似原始瓷器，应是原始瓷器之先驱。

马王堆汉墓出土彩绘陶器数十件，其装饰手法有漆绘和粉绘，以漆绘为主。

陶器漆绘有悠久的历史，新石器时代就有了漆绘，但那时因为漆产量少，比较贵重，所以人们不愿意把漆用到陶器上去。后来随着漆产量的增加，陶器髹漆、漆绘便有了物质条件。

陶器颜色单一，且多暗淡，如果用五彩的漆绘在图案上，陶器一下子就变得光彩焕发，多彩多姿，能给人以美的享受。

马王堆汉墓漆绘陶器很多，现将其中珍品介绍如下。

彩绘陶鼎　高18厘米，腹径21厘米，出土时内盛鸡骨。鼎的口部绘银灰色宽弦纹和波浪纹。足部和耳部绘简单的银灰色纹饰。器盖表面磨光髹漆，然后用黄、绿、红、银灰色油漆，绘粗大流动的云纹。器盖口沿绘波浪纹和弦纹。线条流畅，色彩鲜艳。

彩绘陶钫　高37.5厘米，灰陶。器身合模制成。器盖表面磨光髹漆，全器用黄、绿、红、赭、橙、褐、银灰等油漆彩绘各种图案。各组图案之间，或用银灰菱纹宽带，或用粗大红色条纹分隔。各组图画，都是在漫卷的流云中，绘以仙禽神兽。凤鸟飞翔，龙腾虎跃。其中的凤鸟尤其令人赞叹。肩部二铺首的上面，各绘一立凤，昂首挺胸，张口啼鸣，婉转翩翩，妩媚动人。器圈足四面，各绘一飞翔的凤鸟，回首盘旋于蓝天，这一幅幅吉祥动物与云气浑然一体的装饰画，色彩艳丽，线条流畅婉转，表现出一种轻快的调子，给人以虚幻缥缈的感觉，弥漫着中国神话世界中天国的色彩，达到了轻盈飘逸的艺术高峰。

○ 彩绘陶鼎

○ 彩绘陶钫

彩绘陶镰壶　高9.5厘米，灰陶。通体涂白粉油漆，再绘以红、黑粗弦纹。流作兽首形，以朱红点绘兽口唇和耳部以醒目。纹饰简洁大方，造型优美。

彩绘陶熏炉　泥质，灰陶，轮制。出土时内盛茅香、高良姜、辛夷、藁本等香草。熏炉外有竹熏罩，罩上蒙有帛。烧香时，香气透过帛罩变得更为洁净。香气可以杀菌、去霉、去秽，使室内保持洁净卫生。熏炉制作繁复，盖钮立鸟形，可以自由转动。鸟眼绘黑色，鸟身绘红色条纹。器盖镂有许多三角形透气孔。气孔周边划双线纹，使盖面形成内层作五角形、外层作八角形的图案。器表先涂黑漆，再髹黄油漆，然后再用红黑两色油漆彩绘花纹。

彩绘陶豆　敛口，细柄，喇叭形座，轮制。用红漆绘云纹、弦纹、五角星纹，或用红、绿、银灰绘错角几何纹和云纹。

最后我们再来看一下罕见的"锡涂"陶器。它就是在素面陶器表面均涂一层锡。据一号墓遣策记载："瓦器三匮，锡涂，其六鼎盛羹，钫六盛米酒、温酒。"简文中所谓"瓦器"，即陶器。"锡涂"，即在陶器上涂上锡。这些涂锡陶器，是仿照当时青铜器"涂锡法"制成的。陶器涂锡后，不仅可以保护陶器表面不受磨损，而且使其光洁明亮，变得豪华高雅。这种"锡涂"陶器，在中国陶瓷史上是第二次发现。第一次发现是1957年在湖南省长沙市子弹库十七号楚墓中出土的陶器。当时报道称"银色陶壶"，实为"锡涂"陶壶。

○ 彩绘陶鐎壶

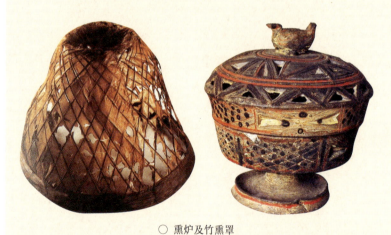

○ 熏炉及竹熏罩

熏炉是古代熏香的器具,又名香炉、香熏。墓中出土的两件熏炉都是陶制的彩绘
熏炉,炉里盛有燃烧后残存的茅香、高良姜、辛夷和藁本等香草

○ 彩绘陶豆

我们今天不会玩的博具

谁也没想到，在马王堆汉墓里竟然发现了玩具。那是在三号墓椁室北边厢发现的，是一套非常完整的博具，它是由博局、博棋、筹和骰组成的。博局就是棋盘。博棋是用象牙制成的，所以又叫象棋，共有六白六黑的大象棋12颗，另外还有小象棋20颗。筹也是象牙制的，有30根，它是计算用的。骰是漆木的，是一个18面的球形体，每面都刻有文字：一面刻"骄"，相对的一面刻"𩥺"，其余各面分别刻数字一至十六，它是投掷用的。博的玩法是：两人向博局对坐，先投骰子，再按投的结果行棋。

博很早就有了，传说是乌曹发明的。因为乌曹还发明了陶器，

○ 博具

○ 现场出土的骰

○ 博戏模型明器

彩绘木雕,高28cm—29cm,1972年甘肃武威磨嘴子四十八号汉墓出土。甘肃省博物馆藏

○ 博戏模型明器

陶质,高24.2cm,1972年河南灵宝张湾三号汉墓出土。河南省博物馆藏

而陶器在原始社会就出现了，如果这个传说可信的话，博就有上万年的历史了。春秋战国时期，博戏非常流行，《战国策·齐策》记载说，临淄这个地方的人，没有不会玩博戏的。汉代博戏更加盛行，上自天子百官，下至老百姓都喜欢玩，有的人迷恋到了"废事弃业，忘寝与食"的程度。史书记载，汉代文帝、景帝、武帝、昭帝、宣帝都是博戏迷。汉景帝在当太子时，因下博棋与吴国太子争吵，景帝用棋盘（博局）打死了吴太子，吴王因此怨恨。后来吴王联合其他六个诸侯国向汉中央政府发动军事进攻，景帝差一点把江山丢了。

可惜的是，博的玩法早在千年前就失传了。

豪奢生活一瞥

下面我们来看一下轪侯家的吃和用。在遣策中，我们发现了记载轪侯家食品的菜单。一号墓的菜单记载了近百道菜名，而三号墓记载的菜名比一号墓的还要多。这些美味佳肴，一定是当时的名厨做出来的时尚菜，它们是在祭祀墓主人之后，再装进竹箱，放入墓中的。我们前面已经谈到过，一号墓主人下葬的时间，是江南甜瓜成熟、杨梅飘香的初夏时节。这一时节的气温常在20℃至30℃，做好的熟菜，很快就会发馊变质。这一道道香喷喷的名菜，等葬礼完毕墓主人入葬时，已经过了好长一段时间，恐怕早就不行了。所以，

○ 遣策中的菜单

无论一号墓还是三号墓，这些当时的名菜出土时都只剩下一些骨头和菜渣了。

菜虽然不行了，但菜单的记载却是明明白白的，每一道菜都有一个菜名，其中肉羹类的菜就有5大类24个。其中一类名叫白羹的，即清炖羹汤，就有7种之多，有新鲜鳜鱼汤、炖鲍鱼汤等；又如烤肉类，有烤全鸡、烤狗肉排、烤鹿肉、烤牛肉、烤猪肉、烤牛排、烤狗肝等。烹调方法也有16种之多，几乎涵盖了目前我们所使用的各种方法。调料有酱、盐、糖、豆豉、曲、蜜、韭、梅、橘皮、茱萸、花椒等，与今天的调料大体相同。

从菜单中，我们还可以看到两千多年前人们的饮食习惯。比如，汉代人爱吃狗肉，这一点在汉代名著《盐铁论》中已得到证实。菜单中用狗肉做的菜品比较多，有烤狗肉排、细切成薄片的酱狗肉冷盘、狗肉芹菜羹（"狗巾羹"）、白切狗肉片（"狗裁"）、清炖狗

○ "君幸酒"具杯盒

这是一套存放酒杯的漆盒，盒中装有"君幸酒"耳杯7件。出土时其中6件顺叠，1件反扣，它能缩小器皿存放空间

○ 山东诸城凉台东汉孙琮墓中画像石上的庖厨图

肉、烤狗肝、狗肉苦菜羹、蒸狗肘子等好多的狗肉菜。樊哙是汉朝的开国功臣，他参军前的职业是"屠狗"，说明汉代市肆里，屠狗和卖狗肉的行业是很兴旺的。

从菜单中，我们还发现汉代人们喜爱打猎，并猎取山珍野味。如用野味做的菜，有鹿肉炖芋头、鹿脯、麋胗、鹿胗、烤鹿肉、鹿脊肉、鹿肉羹、野鸡羹、野鸭羹、雁肉羹、煎野兔肉、煎鹌鸪肉、煎鹤肉、煎野鸭肉、煎野鸡肉、煎麻雀肉、煎鹊肉、煎雁肉、腊野兔肉等。汉人王褒在《僮约》中提到，家童仆人的日常工作是："粘雀张鸟，结网捕鱼，缴雁弹凫，登山射鹿。"《史记·田叔列传》中也记载："邑中人民俱出猎，任安常为人分麋、鹿、雉、兔。"其他史书也印证了这一点。

说完"吃"，我们再来说"用"。在一号墓北边厢里，我们发现了两件妇女用的高级妆奁，里边装着各种化妆品。一件是用非常精美的信期绣包袱包裹着，墓中随葬品清单称它为"九子曾检"。奁盒分上下两层，下层放9个小奁，上层放有3双手套、絮巾和铜镜等物。打开9个小奁，奁内分别盛着化妆品，有胭脂、白色粉状化妆品、油状化妆品、方块形白色化妆品。此外，还有化妆用的粉扑3件，非常精致的梳、篦各2件，以及针线包1件，假发1副。一号墓共出土2副假发，1副放在漆奁内，1副戴在女尸头上。假发是用人发编缀而成。另一件是单层五子漆奁，用长寿绣包袱包裹着，里面也装着各种化妆品、铜镜、篦等物。

据文献记载，汉代妇女非常讲究化妆和打扮。《后汉书·梁冀

○ 九子曾检

又名九子奁,因里边有9个小奁盒,故名。这件漆奁非常精美,器表贴金箔,并以金、白、红三色彩绘秀丽的花纹

○ 铜镜

○ 牛角篦　　　　　　　○ 牛角梳

传》记载，梁冀的妻子孙寿，就是一位著名的化妆师，她的"啼妆""愁眉妆"在当时非常有名。《汉书·张敞传》也记载，张敞因"又为妇画眉，长安中传张京兆眉忓"。"京兆"即京兆君的略称，指首都的长官，"眉忓（妩）"是说他画眉新奇。就是说一位堂堂的首都最高行政长官，竟以善为妻子画眉而著名！

　　墓中还出土了一只非常漂亮的枕头，这只枕头和今天的比较，只是窄一些。它长45厘米，高12厘米，宽却只有10厘米，但它制作得非常精致：上下两面用的是绣有燕子的信期绣，两侧是织有吉祥花的茱萸锦，两端用的是高级绒毛锦。两侧面和上下面中部，都有用红丝线钉成四个十字形的穿心结，两头也都有一个十字结，这是用来固定枕芯的。用手将枕头轻轻一按，稍有弹性，枕里装的是什么？全部是佩兰的叶子。佩兰是一种中草药，属于菊科植物，味道有点辣。中医专家告诉我们，佩兰叶内有香豆酸、香豆精和麝香草氢醌等成分，它在医药上的功能是解暑化湿，可以治疗头晕、胸痞、

○ 药枕

呕吐以及暑湿内阻等病。西汉大文学家司马相如的名作《长门赋》中说，陈皇后的长门宫中就用此种药枕。其中有一句："抟芬若以为枕兮，席荃兰而茝香。"《文选》李善注说："芬、若、荃、兰皆香草也。"司马相如是景帝、武帝时人，比墓主人稍晚一点，说明当时使用药枕是一种普遍的现象。

亿万富翁

　　墓中随葬品虽不能代表轪侯家的全部财富，但从这些随葬品和遣策记载，可以看出轪侯是个亿万富翁。

　　汉代制造的漆器主要是供给贵族和富裕之家享用的，所以制造工艺特别讲究。一件漆器的制成，要经过十到二十来道工序，其制

○ 漆匜
有流，是奴婢倒水给主人用的，
上有"轪侯家"铭文

造工艺之复杂、费工之多，都是其他器物所不能相比的。所以西汉桓宽的《盐铁论·散不足》说漆器"一杯棬用百人之力，一屏风就万人之功"。漆器的价钱比铜器高十倍，一个绘有花纹的漆耳杯的卖价，抵得上十个铜耳杯的价钱。司马迁的《史记》说，一个商人如果掌握了1000件漆器，就有了价值百万钱的资产。轪侯家仅仅用来殉葬的漆器就多达700多件，可见全家拥有漆器数量之多。

马王堆汉墓出土各种木俑数百个，这数百个木俑，应是轪侯家奴婢的替身。轪侯家奴婢成群，光利豨墓中遣策记载就有856人。当时奴婢是一种财产，可以买卖。从居延出土的汉简记载："小奴二人，值三万；大婢一人，值二万。"四川省郫县犀浦乡（今成都市郫都区犀浦街道）二门桥出土的一块石碑上也记载：婢小等五人，"值廿万"。可见当时未成年的奴婢每个值1.5万钱左右，成年奴婢每个价2万钱至4万钱。如果每个奴婢以3万钱计算，这856个奴婢价值2568万钱。但是，这只是一般奴婢的身价，如果是有特殊才艺的奴婢，则价钱要高出数倍，甚至数十倍。《史记·扁鹊仓公列传》记载，汉朝济北王家，有一个能歌善舞的婢女，是花了470万钱从民间买来的。而三号墓遣策记载，利豨家有"歌者""郑舞者""河间舞者"及乐队共数十人，这些歌舞明星，每个价值数十万到数百万钱。所以，轪侯家仅奴婢一项，其价值就达数千万钱。三号墓遣策记载，利豨家有各种高级车辆数十乘，马150匹。居延汉简记载："大车半橼轴一，值万钱。"高档车辆的主要构件就要1万钱，那么再根据《史记》和《汉书》记载，汉代一匹好马，要卖15万至20万钱。据此估计，轪侯家的车马，价值数千万钱。

一号墓随葬的高级锦绣衣服有六七箱，总共达100多件。三号墓中高级锦绣11箱，其数量和品种都比一号墓多。如此数量的锦绣，其价值是一个非常大的数字。记载汉代物价的《范子计然书》中说，汉代齐地出产的高档绣品，上等的一匹要卖2万钱，一般的也要卖到1万钱。一号墓出土刺绣40件，大部分为绣袍和绣被。据一些湘绣老绣工估计，一件曲裾袍子用衣料22米，合当时3.5匹，其面料为刺绣，则一件绣袍要数万钱。轪侯家光是锦绣丝绸这一项，价值就可以用数百万至千万钱计。

轪侯家还有大量的现金。一号墓遣策记载："土金二千斤二笥""土钱千万"。对照随葬实物，是2箱泥"郢称"金币和40篓泥"半两"铜钱，这些虽然均是明器，但估计轪侯家的现金数不会低于此数。

○ 竹箱

大的箱子长69.5cm，宽39.5cm，高21cm。有的箱内还有黄绢衬里

○ 泥"郢称"金版

"郢称"是楚国发行的黄金货币,在汉代初期仍然在社会上流通使用,
这是泥制的冥钱

　　轪侯家还有大量的良田、高宅大院。《汉书·高帝纪》记载,刘
邦的诏令说:"诸侯子及从军归者,其多高爵,吾数诏吏先与田宅。"
轪侯是功臣、高爵,他自然得到了大量良田和高级住宅。此外,遣
策还记载,轪侯家有大量的玉璧、犀牛角、象牙、珍珠等,其家财
估计有数亿钱之巨。

　　像轪侯这样的巨富家庭,汉代不多见。汉政府规定,家财不满

○ 泥"半两钱"
半两铜钱是西汉前期的货币,这是泥制的冥钱

○ 泥"金饼"
金饼是汉代的黄金货币,这是泥制的冥钱

5000钱的,算作穷人,可以领取国家的救济金;家财不满2万钱的,政府免征一切税收;家财达到10万钱的,就是中产之家;家财达到100万钱的,就是富翁;家财在1000万钱以上的,是大富翁。《汉书·货殖传》记载:南阳冶铁富商孔氏家财数千万钱,齐地盐商刁间家财数千万钱,临淄伟姓家财5000万钱,师史家财7000万钱,这些都是全国的巨富。轵侯家财产达数亿钱,是当时少有的大富翁。

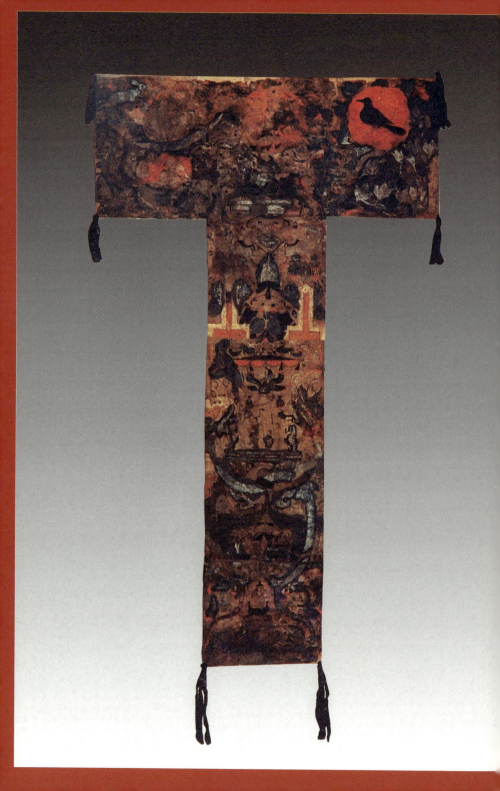

3

丝国再现

马王堆与海上丝绸之路

广西合浦港是古代中国与东南亚、西亚、欧洲、非洲距离最近的中国海港。自秦始皇开凿灵渠连接湘漓二水之后，中原和长江流域就通过合浦港与西方交通，贸易往来，形成了古代中国和西方距离最短的海上丝绸之路。这条海上丝绸之路并非始于汉代，《逸周书·王会解》记载：殷商时，西瓯（今广西）人，曾以象齿、文犀、玳瑁、珠玑、翠羽等物"为献"。可见，早在殷商时期，合浦港对海外贸易就已经开始了，只是到灵渠开凿后的汉代，这条丝绸之路才蓬勃兴起。

马王堆一号汉墓遣策292记载："木文犀角，象齿一笥。"与出土实物对照，就是放置在西边厢的挂着"文犀角象齿笥"木牌的第339号竹箱，箱内装满了木文犀角和木象牙。其中木文犀角13件，大的7件，长27厘米，根部径7厘米；中等1件，长19厘米；小的5件，长15厘米。木象牙共8件。遣策简294记载："土珠玑一缣囊。"与实物对照，那是置于西边厢的第327号竹箱，上面挂有"珠玑笥"的木牌，箱内有一袋泥丸。上述木文犀角、木象牙、泥珠玑均系明器，表明墓主人生前拥有此种财富，因为它们是从合浦海上丝绸之路进口的，太贵重了，只好用明器随葬。

马王堆三号汉墓也出土了大量玳瑁制器，有玳瑁卮一件，玳瑁

○ 木象牙

一号墓出土，共8件，大的长38cm，小的长25cm

○ "文犀角象齿笥"木牌

挂在一号墓西边厢第339号
竹箱上

○ 木文犀角

○ 铜扣玳瑁厄

三号墓出土。口径8.4cm，通高13.6cm，
口底边皆铜扣，用玳瑁制成的厄杯，目前
仅此一件，弥足珍贵

梳一件，玳瑁篦一件，玳瑁璧两件。

这些东西是怎么来的？它们是由商人通过海上丝绸之路用丝绸交换来的。据《汉书·地理志》记载，中国去西方国家的海上贸易船队"赍黄金杂缯而往"。前已提及，马王堆汉墓出土了大量丝绸，但是，汉代长沙国首都临湘（今湖南省长沙市）的丝织业并不发达。汉代丝绸纺织中心主要在号称"冠带衣履天下"的齐郡（今山东省）、陈留郡襄邑县（今河南省睢县），以及巨鹿、洛阳、西安、蜀郡、广汉郡等地。那么，临湘为什么会有这么多丝绸呢？临湘位于湘江下游，是中原、长江流域各地通往合浦港的必经之地，长江上的巨船到达这里，必须换成中等的船才能在湘江中上游及灵渠、漓江上航行。所以，临湘就成为向海外出口货物（主要是丝绸）的中转站。

丝绸从内河运到合浦港之后，其海上航行路线又是怎样的呢？据《汉书·地理志》记载，海上丝绸之路航线中的都元国、邑卢没国、谌离国、夫甘都卢国、黄支国，经考证，是今天的马来半岛、苏门答腊岛、缅甸、印度、斯里兰卡等地。经商船队带着大量的丝绸和黄金，以合浦作始发港，沿中南半岛，分别航行到东南亚各国，并通过印度中转到欧洲、非洲等地，进行贸易往来。《后汉书·西域传》提及，大秦"与安息、天竺交市于海中，利有十倍……其王常欲通使于汉，而安息欲以汉缯彩与之交市，故遮阂不得自达。至桓帝延熹九年，大秦王安敦遣使自日南徼外献象牙、犀角、玳瑁，始乃一通焉"。记载中的"大秦王安敦"，经考定为罗马王。长

○ 三号墓出土的与丝织品相关的遣策

沙马王堆二号汉墓主人下葬年代为西汉吕后二年，即公元前186年，一、三号墓为西汉文帝晚年，即公元前168年至前164年。那时，这条海上丝绸之路已经形成，所以墓中的这些舶来品就是通过这条通道，到达合浦港，再由合浦北上，通过南流江，过桂门关，入北流江、西江、桂江，再入漓江、过灵渠、进湘江，到达长沙的。

古老的时装秀

中国汉代以生产精美华丽的丝绸闻名于世。自公元前2世纪始，大量的中国丝和丝织品经由陆上和海上的丝绸之路运抵欧亚非各国，因此中国被古代希腊和罗马人称为赛里斯（Seres）国，意即丝国。

古罗马作家大普林尼（23—79）在他的百科全书式著作《自然史》里写道："中国产丝，织成锦绣文绮，运至罗马……裁成衣服，光辉夺目，人工巧妙，达到极点。"

古希腊著名学者托勒密（约90—168）在他的名著《地理学指南》一书中也提到：西方商人纷纷"向称为丝国的中国去贩运丝织物"。

一些没有到过中国的人，对彩霞般美丽的丝绸充满了惊奇和迷惑。古代罗马著名作家白里内，竟然想象出蚕丝是从树上生长出来的，他在书中写道："中国丝生于树叶上，取出，湿之以水，理之成丝，后织成锦绣文绮，贩运至罗马。"

伊斯兰教的经典著作《古兰经》则宣称："丝绸是天国的衣料。"还说，今世行善积德者，来世可以穿着丝绸衣服，进入天国乐园。

在新疆罗布泊汉代遗址，考古学家发现了一块西汉油漆布，虽经岁月洗礼，表面依旧漆黑光亮。这块油漆布告诉人们，在丝绸之路上，中国美丽的丝绸，是用它包裹着，放在牲口身上，经受风雨、烈日、霜雪、尘沙的侵袭，经过万里跋涉，才到达西方的。

丝绸在古代西方极为珍贵。伊斯兰教先知穆罕默德虽然有一件从中国贩运去的丝绸衣服，但他极为珍惜，只在朝拜真主时穿过一次。古罗马统帅恺撒大帝，穿着中国的丝绸袍子去看戏时，在戏院里引起了轰动，被认为是空前豪华的衣裳！这些动人的记载，千百年来让人浮想联翩，人们想知道，两千多年前的丝国到底是怎样的。过去，我们只能根据中外古籍的记载去想象，但是，谁又会想到，两千多年前的丝国，今天能在长沙马王堆汉墓里再现呢！

三座墓全部发掘完毕之后，我们即着手对墓中出土的大量丝绸进行细致的清理。一号墓中出土的丝绸因为保存完好，清理工作进行得很顺利。而三号墓的丝绸，经过千年叠压，都黏合成厚厚的块状，难以揭开。后来在北京有关专家的帮助下，经过长达几年的工作，才算清理完毕。

三号墓共出土了10箱丝绸，有8箱分别盛着8种不同的丝绸衣料，2箱盛着时装。竹箱上分别挂着木牌，上面写着箱内所盛丝织品和衣服的名称，计有："绣缯笥""素缯笥""锦缯笥""绮缯笥""绀缯笥""帛缯笥""祯衣丙笥""衣荟乙笥"。除了上述整箱的丝织品之外，还有许多丝织品是放在内棺和漆奁中的，如各式印花、绣花、织锦的丝绸被子，绣花枕头、枕巾，香囊，鞋子，手套，袜子，衣服等物。一号墓中，也有6口箱子装着各种丝绸衣物，计有长袍11件，单衣3件，裙子2件，袜子2双，袍缘1件，各种锦、绣等丝绸料子46匹。此外，在北边厢、东边厢和内棺中，也出土了大量丝绸。两墓出土丝绸数以百计，品种极其丰富，有纱、縠、素、帛、锦、

○ 菱纹罗手套

○ 青丝鞋

○ 信期绣手套

○ 绢丝袜子

绣、绮、罗、绡、鲜支、缣、纨、绨、缟、绢等10多种，而且每一种又可细分，光是绮，即可细分为10余种。出土量之多，不仅在中国，就是在世界考古史上也是罕见的。

人们常常用"五光十色"来形容色彩的丰富，但是，马王堆出土的丝绸，"十色"是远远不止的；我们统计了一下，这些丝绸的色彩有36种之多，而且染得深透、均匀，所以两千多年前的丝绸，至今仍然鲜艳如新，光彩动人。

这些丝绸，就是用当今的眼光来看，也是非常精致的，可以和今天最漂亮的丝绸相媲美。如一号墓出土的一件"雾縠禅衣"，衣长128厘米，袖通长190厘米，仅重49克，还不到一市两。过去读《史记》《汉书》时，常常看到有"雾縠"的记载，晋代郭璞解释"雾縠"说："言细如雾也。"对此，我过去总是取怀疑的态度，认为这大概是文学家的夸张，看到马王堆汉墓出土的这件不到一市两的衣服后，才知道这些记载都是真的，确实轻薄如雾。

我们把马王堆一号墓和三号墓出土的10多箱衣服打开，形形色色的汉代时装就呈现在我们的眼前。据三号墓的随葬品清单记载，墓中随葬的时装就有40多种，它们大致可分为"禅衣""复衣""袷衣""深衣""长襦""带襦""素裳""绔""褒衣""便裳""小傅襦"11类。每一类又可分为多种不同的服装，其中又以禅衣的品种最多，计有："帛禅衣""白绮禅衣""雾縠禅衣""霜绮禅衣""青绮禅衣""青绮禅衣""阑禅衣""齐缌禅衣""毋尊禅衣""绀绮禅衣""监锡禅衣""白锡禅衣""鲜支禅衣""绪葱禅衣"14种。这些当年流行的时装名

○ "雾縠禅衣"

这是一件直裾袍,是汉代的便服,只有49g重,轻若云雾

字,今天我们虽然不能全部理解它们的含义,但是对照出土实物,也就大致清楚了。如"雾縠禅衣",就是一件没有里子的单衣。汉代刘熙的《释名》说:"有里曰复,无里曰禅。"可见汉代的"禅衣"就是我们今天的单衣,只是样式不同罢了。

"复衣"和"袷衣"都是有里子的衣服。西汉黄门令史游的《急就篇》,唐训诂学家颜师古注:"衣裳施里曰袷","褚之以绵曰复"。可见袷衣就是今天的夹衣,复衣就是夹有绵絮的绵衣。因为汉代没有棉花,所以铺的是丝绵。一号墓出土的丝绵袍有10多件,非常完整,它们应是随葬品清单中所说的复衣。

"襦"是一种短衣或短袄。《急就篇》颜师古注:"短衣曰襦,自

126

膝以上。"汉诗《古诗为焦仲卿妻作》:"妾有绣腰襦,葳蕤自生光。"说明汉代妇女爱穿绣花的短袄。随葬品清单上记载的"长襦""带襦""小傅襦"都是不同式样的短衣或短袄。"襦"有长短之分,焦仲卿妻穿的是齐腰的短襦,当时叫"腰襦",而三号墓出土的"长襦"则长至膝盖。三号墓墓主是男性,可见汉代男性多穿长襦;女性爱美,多穿齐腰短襦。"带襦"则是缀有带子的短袄,汉诗《羽林郎》"长裙连理带,广袖合欢襦"写的就是这种"带襦"。"小傅襦"大概是指紧身小袄。

"深衣"是指上衣和下裳相连的夜服,这是墓主轪侯平时闲居在家所穿的衣服。

"裳"是裙子。清单中记载有"素裳",对照墓中出土实物,是一

○ 素绢裙

裙长87cm,腰宽145cm,下摆宽193cm。

裙上窄下宽,呈梯形,有裙腰,两边有带,作系腰用

条素绢裙。这件素裳保存得非常完整，它是用四幅绛色绢拼制而成的，没有纹饰，所以称"素裳"。而且这条裙子没有缘边，大概当时就流行这种无缘裙。据《后汉书·皇后纪·明德马皇后》记载，皇后也穿这种不加缘的裙。清单还记有"便裳"，大概是在家里穿的布裙。

"绔"即裤子。三号墓随葬品清单记载："素绔二。"《说文·系部》说："绔，胫衣也。"胫是小腿从膝盖到脚跟一段，所以"胫衣"只有两只裤管，没有裤裆，与今天的有裆裤不同。一号墓轪侯夫人虽然重重叠叠裹了20层衣、被，就是没有穿裤子，随葬的衣物中也没有裤子。是不是西汉初期只有男人穿裤子，而妇女，或者贵族妇女是不穿裤子的呢？

墓中随葬30多种服装，除了上面谈到有10多种不同款式外，还反映出服装衣料的不同。例如带"绪"字的服装，就是麻布料子。所谓"白绪禅衣"，就是白麻布单衣；所谓"绀绪禅衣"，就是稍微带一点红色的黑麻布单衣；"青绪禅衣"就是青麻布单衣。事实上，墓中随葬的服装，丝绸衣服比麻布衣服多得多，尤其是一号墓，没有麻布的。

这些汉代服装，其形制主要有"曲裾"和"直裾"两种。曲裾是将衣襟接长（向一边），形成三角，穿时将衣襟的三角形部分从腋下绕在身后，再用带系结。这是一种礼服，在朝见和礼仪场合穿。

直裾是衣襟相交至右胸后，垂直而下，直至下摆。这种直裾衣穿起来方便，是当时流行的一种便服。汉武帝元朔三年（前126），有一个叫田恬的侯爵，竟然穿着这种便服去见武帝，武帝见他不穿朝服，随随便便的样子，大怒，削去了他的侯爵爵位。看来，轪侯

○ 朱红罗绮丝绵袍

曲裾复衣,是汉代的礼服

○ 直裾丝绵袍

汉代也叫"襜褕"

这种直裾衣，只能闲居在家穿着，不能在重要场合穿。

此外，根据墓中随葬品清单记载，随葬的服装还有"汉服""楚服"和"胡服"之分，说明当时轪侯根据不同场合穿着不同的服装。从历史记载分析，可能骑马的时候穿胡服，平时家居或公干时穿汉服或楚服。

我们发现，当时的服装有一个共性，就是都没有扣子。当时的人穿衣大概都是系上一根腰带，使衣襟不致敞开。一号墓的九子漆奁中，有一根长145厘米、宽11厘米的丝带，带子两端有穗。墓中随葬品清单记载："红组带一"，估计这就是系结衣服用的腰带。

墓中出土的服装还有一个特点，就是袖子特别长，长出手很多。轪侯夫人身高只有154厘米，按照身高与手长的比例，轪侯夫人双手张开，最长也不会超过160厘米。但随葬服装通袖长一般都有190厘米至250厘米，如以单手计算，衣袖超过手长15厘米至45厘米，可见汉代贵族多穿长袖衣。因为轪侯是贵族，不参与劳动，穿长袖衣不会感到不便，反倒显出高雅、彬彬有礼的仪态。

在这些琳琅满目的衣服中，我们居然发现有的衣服上的花纹是画上去的，或是先在料子上绘画，然后再剪裁成衣服，这是否就是史书上记载的"画衣"？

画衣在我国有悠久的历史。《周礼·天官·内司服》记载，周代王后所穿的衣服中，有一种叫"袆衣"的，汉代郑司农解释说："袆衣，画衣也。"汉代的《释名》一书也记载说："王后之上服（祭服）曰袆衣，画翚雉之文于衣也。"这是说，每当统治者进行祭祀祖先的

○ 印花敷彩丝绵袍

古代记载的"画衣",首次发现实物

大典时，王后就要穿上绘有彩色锦鸡的衣服，以示隆重和尊贵。在衣服上彩绘花纹，古代叫敷彩、填彩或彰施。《考工记》记载："凡画缋之事，后素功。"这就是说，先在丝绸上作画，然后再画白色的背纹加以衬托，也就是《论语》所说的"绘事后素"。在衣服上作画，曾是周代王室成员服装的一个特征。但是，有人对此提出过怀疑。清代著名学者宋锦初的《释服》说："未闻衣服用画者也。"近代著名历史学家吕思勉在《先秦史》里也赞同其观点。事实证明他俩都错了。马王堆一号和三号墓不仅出土了画衣，而且还出土了画衣的衣料，证明《考工记》《论语》等古籍的记载无误。

从考古角度考察，在衣服上绘画可以追溯到新石器时代。我们从甘肃省宁定县（今广河县）出土的马家窑类型彩陶人形瓢、甘肃省临洮县出土的半山类型彩陶盖、甘肃省秦安县大地湾出土的庙底沟类型彩陶人形瓶等陶器上，可以看到衣服上的"画缋"之风。由于当时手工纺织技术还处于原始阶段，人们不可能织出各种图案花纹，而人类具有爱美的天性，而且当时在陶器等物上彩绘已十分发达，所以，在衣服上绘画是完全有可能的。

一号墓出土了3件完整的画衣和1块已经画好的衣料，三号墓也有出土。经研究，我们发现它的制作方法是：先用镂版印花模子在素净丝绸上印好枝蔓，然后再进行彩绘。绘画的程序大致是：先用朱红绘出红色的花，用重墨点出花蕊，绘出灰色的叶；再用银灰色勾画出蓓蕾，用棕灰色勾绘苞片，最后用粉白色勾绘和加点。这里，画家的图案设计和彩绘上色是非常出色的，纹饰丰富而有变化，色调有厚有薄，有浓有淡，光辉相映；线条舒展流畅，层次分明，具有立体感，使整个画面生气勃勃。其设色达36种之多，所使用的颜料，大致分为三类：一类为矿物色，如朱砂、银粉、土红；一类为植物色，如藤黄、青黛；一类为动物色，如蜃灰等。其中朱砂这种颜料，无论是做染色还是绘画，虽经两千多年风风雨雨，依旧鲜艳耀眼。

画衣虽美，却费时费工，经过汉代鼎盛之后，很快就退出了历史舞台。

可与云霞媲美的绣品

刺绣是马王堆汉墓出土丝绸中数量最多、最好和最重要的部分，它们经历了两千多年岁月的洗礼，在今天看来依然光彩夺目、灿烂非常。

马王堆一号汉墓出土刺绣40多件，除了包裹尸身的16件衣衾外，还有放在竹箱中的单幅件和放在竹箱、奁盒等处的完整衣物18件，此外，还有装饰在内棺外面的铺绒绣。三号墓随葬的刺绣似乎比一号墓还要多，但因为墓室环境不如一号墓，10多箱锦绣已黏合成厚厚的块状，难以揭开。经过多年的努力，我们已经剥离出不同品种的残片，从中依然能看到其光彩照人的面貌。

从马王堆汉墓出土的刺绣，我们还可以看出当时选料—绘图—刺绣的全过程。刺绣开始之前，第一件事就是要选好绣花底料。马王堆汉墓的绣品，多选用织造精致、质地细薄、组织均匀、平面整洁的单色丝织品为绣地，尤以绢做绣地的最多，占全部绣品的半数以上。其次是罗和绮，占绣品总数的三分之一左右，余下的少数绣品，则是用纱或缣做绣地。

在绣地上设计和绘制绣样，是汉代刺绣工艺的第二道工序。我们发现许多绣品还保留着绣前用细线条勾画图样的痕迹。

刺绣工艺的第三道工序是按图样设计的要求进行选线配色。

刺绣的丝线，是用双股合成的彩线。线的直径多在0.5毫米至1毫米，个别绣品，如铺绒绣，是用直径0.1毫米的非常纤细的绒线绣成的。

绣线的颜色，对于绣品来说是非常重要的。古人谓绣为"设色之工"，说明刺绣是非常重视色彩的。

墓中绣品绣线的颜色，经粗略统计，有浸染色样29种，涂染色样7种，总共36种，其中以朱红、绛紫、烟红、香色、墨绿、蓝黑等色染得最为深透、均匀，是通过多次套染与媒染染成的，所以格外鲜艳美观。马王堆汉墓的绣品，由于是用数十种不同色彩的线绣成的，所以显得五彩缤纷，如鲜花，似彩霞，绚丽无比。

绣品的最后一道工序，就是按图进行刺绣。刺绣的针法，主要是锁绣、齐平针绣和打籽绣3种，其中又以古老的锁绣为主。

马王堆汉墓出土近百件绣品，根据针法及花纹的不同，可分为信期绣、长寿绣、乘云绣、茱萸纹绣、树纹绣等8种。

信期绣的主题花纹是一只写意的变形的燕子。燕子是定期南迁

○ 打籽绣方旗

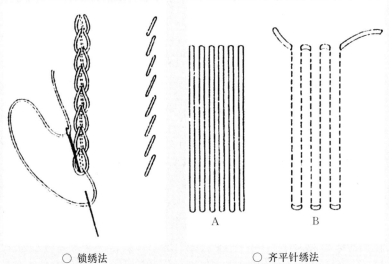

○ 锁绣法

此绣法在西周墓中就已发现

○ 齐平针绣法

A为正面，B为背面

北归的候鸟，每年总是"信期"归来，因此寓意而得名。信期绣是马王堆汉墓出土的绣品中数量最多的，有数十种，但没有一件完全相同：要么绣地不同，要么纹饰不同，要么花纹的颜色不同，说明每一件绣品都有一个独立创作的过程。信期绣的花纹单元小，线条细密，做工精巧入微，其艺术风格细腻、精致。

长寿绣的花纹是用朱红、绛红、浅棕红、金黄、土黄、紫、橄榄绿、深蓝等色丝线绣成翻卷的流云，云彩间露出龙头侧面像的云中龙。龙是传说中的一种神物，能兴云雨，利万物；汉代还传说龙能引导人们成仙，长生不老。此种花纹因龙而寓意"长生不老"，故有"长寿绣"之名。长寿绣花纹单元大，为信期绣的三倍，线条极为流畅，动感极强。

乘云绣也是其中主要的绣品，有10多件。其花纹图案是用朱红、浅棕红、棕色、紫色、草绿、橄榄绿等丝线，用锁绣针法绣出漫天的流云，在云雾中仅露出头部侧面像的凤鸟，象征凤鸟乘云。东汉许慎的《说文》说："凤，神鸟也……见则天下大安宁。"凤鸟是吉祥鸟，传说凤鸟一出现，就能预兆天下太平，百姓生活美满。乘云绣的基本针法为锁绣，凤鸟的菱形眼眶正中是用单行锁绣密圈，以示眼球神光，这与后来的环绣即打籽绣有相同的效果，可以说是环绣的前导。

汉代后，刺绣也有"大茱萸""小茱萸"之名。茱萸纹绣是用朱红、浅棕红和深蓝色丝线，在绢地上绣出茱萸花纹。汉代以茱萸为吉祥花，认为佩戴茱萸可以避灾长寿。《西京杂记》记载：汉高祖

○ 绢地信期绣绣品
　局部

○ 杯纹罗绮地信期
　绣绣品局部

○ 长寿绣绣品局部

时，"九月九日，佩茱萸，食蓬饵，饮菊花酒，令人长寿"。唐代诗人王维《九月九日忆山东兄弟》诗中也有"遥知兄弟登高处，遍插茱萸少一人"之句。

树纹绣，这是一件装饰在内棺外表的绣品，以烟色缣为绣地，以朱红、深棕色和烟色丝线，用平针法绣成。这是目前我国发现的最早的齐平针法绣品。其绣法是先绣深棕色曲折的菱形边框，次绣红地，最后绣烟色树纹，平针满绣，不露空白。花纹为长、宽各4厘米的深棕色斜方格，内填红地烟色树纹。做主题花纹的树纹倒过来看又像个"吉"字、"寿"字，有"吉祥""长寿"之意。此种绣品最花功夫，其价可比黄金。

除上述绣品外，还有桃花绣、方棋纹绣、云纹绣等。这些绣品，都表达了人们对美和理想的追求和向往。

刺绣价格昂贵，它不仅是手工作品，而且是一项艺术性很高的创造性劳动。在汉代，绣师的计工、计价不是以劳动日来计算，而是以用线多少来计算。如《五杂俎》记载："汉时宫中女工，每冬至后，一日多一线，计至夏至，当多一百八十线。"

汉代刺绣有各种不同的档次，据史书记载，当时最高档次的绣品价比黄金。如《范子计然书》卷下载："能绣细文出齐，上价匹二万，中万，下五千也。"这是说，齐地出产"绣细文"的高档刺绣，其中最好的，1匹价值2万钱，汉代黄金1斤值1万钱，2万钱就是2斤黄金。马王堆汉墓的信期绣、长寿绣、乘云绣、茱萸纹绣、树纹绣，都是属于绣细纹的上等绣品。据一些湘绣专家估计，"像马王堆

○ 乘云绣绣品残片

○ 茱萸纹绣绣品
　局部

○ 树纹绣绣品局部
这是目前我国发现的
最早的齐平针法绣品

菱纹信期绣丝绵袍这样的大型绣件，由手艺最好的绣工制作，也需要300多个工才能绣成。这是它艺术上趋于极致价比黄金的原因"。其中最费工和最难绣的还是树纹绣，因为它是满绣，不留空地，绣线较其他绣品要细得多，直径仅1公丝左右，不及头发丝的一半。像这种绣品，即使绣出一块巴掌大的地方，也不知要花费多少时间。何况马王堆汉墓的树纹绣，针脚非常整齐，绣线排列均匀，显示出高超的艺术水平和技巧。

高档绣品的珍贵，我们还可以从一号墓的T形帛画中看出来：帛画中的墓主人身着一件高档的长寿绣袍，但在绣袍的屁股坐处，绑上了一块坐垫，以免损坏绣袍，墓主人身为列侯夫人、太夫人、亿万富翁，还要做如此不"雅观"的打扮，说明她穿的这件绣衣是何等贵重。

汉代高档绣品虽然价比黄金，但是中档和低档的绣品却非常普及。《汉书·贾谊传》记载，与墓主人同时代的贾谊，曾对皇帝说过这样的话："今民卖僮者，为之绣衣丝履偏诸缘，内之闲中。是古天子后服，所以庙而不宴者也，而庶人得以衣婢妾。""美者黼绣，是古天子之服，今富人大贾嘉会召客者以被墙。"这段话的大意是，所以刺绣衣服在古代是皇帝和后妃入庙祭祀才穿、平时闲居不穿，今天一般的老百姓，甚至奴婢下贱之人也都穿起来了。不仅如此，有钱人家还用刺绣来装饰客厅的墙壁。

从马王堆出土的丝织品来看，也是刺绣最多，有刺绣被子、衣服、手套、枕头、枕巾、包袱皮子、镜衣、几巾、坐绸、香囊、绲度、竿律套等，棺材也用刺绣来装饰。我们还看到，许多木俑都绘着绣衣，说明墓主家的高级奴婢，也是穿刺绣衣服的，这也印证了贾谊的说法。

总之，汉代是当时世界上的刺绣王国，而马王堆汉墓则是窥视这个两千多年前的古老王国的窗口，在这个窗口里，传递着千古不灭的光辉。

五彩缤纷的织锦

锦是用彩色蚕丝织成的提花织物的统称。汉代刘熙的《释名》说："锦，金也，作之用功重，其价如金，故其制字从帛与金也。"从"锦"字本身就可以看出，锦的生产工艺是很复杂的，花费很多，对工艺要求很高。

马王堆汉墓出土的锦非常丰富，有9种之多。这些锦，都是经线提花的重经双面织物，一般是由二至三根一组的经线和一根纬线交织而成的，但花纹经比较粗，底经和地纹经比较细，色彩以双色为主，纹样以写实动物纹、花卉纹、几何纹为主要题材。地色稳重、深沉，图案花纹明朗鲜艳，细致精巧，经密纬疏，质地紧而薄，是桑蚕丝提花色织物的华贵品种。现介绍几个主要品种。

鹿纹锦，此锦是用绛色为地、红色为花丝织而成，一般汉锦都有底经，独此锦不用底经，而是用地纹经彼此交替显花。其主题是

○ 绛地红花鹿纹锦局部

一只跳跃着并回头顾盼的鹿，故有此名。鹿在汉代是吉祥物，有驱恶消灾、延年益寿的寓意。

茱萸纹锦，此锦被认为是圣洁的，不可随便用。在出土的丝绸中，它只用来制枕头，取意平安长寿。汉代的茱萸纹锦是我国用植物花卉做纹样的开始。它以色调深沉的香色为地，明朗鲜艳的红色为花纹图案。图案为茱萸花，用空心点子构成连续的枝条，用平涂法表现出花纹和叶，中间点缀少量的菱形图案。花纹虚实相间，疏密得当，构图新颖。

起毛锦，它是我国最早发明的绒类织物，可以说是现在的漳绒和天鹅绒的前身。此次出土，修正了我国的绒类织物自唐代以后才有，或者是从国外传入的说法。起毛锦又叫"起绒锦""绒圈锦"。汉代史游的《急就篇》提到汉代著名的丝绸有"紽"。什么叫"紽"呢？《广韵》说："绢帛紽起如刺也。"所以，一号墓出土的起毛锦应

○ 药枕枕面上的茱萸纹锦

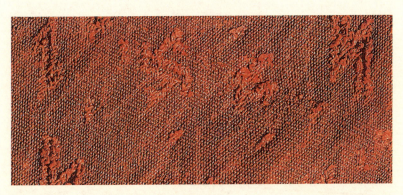

○ 起毛锦

是汉代文献中所说的絓。但墓中随葬品清单上不叫絓，而叫缋。《仓颉篇》说，缋是赤色的。墓中的起毛锦是绛色或绀色地上织出红色矩纹。据此，絓和缋大概都是汉代起毛锦的名字，只不过絓是以形状命名，而缋是以颜色命名罢了。

起毛锦的绒圈有长有短，有层次感。如果把绒圈剪断，让绒圈的丝头散开，就成了后世的提花绒。起毛锦的织造技术是很卓越的，它不仅要有一般的提花装置，而且还要有能够织入起绒的装置才行。

除此之外，凫翁濯锦和隐纹花卉纹锦也是汉代非常著名的织锦。

马王堆汉墓还出土了数十幅罗，有朱色、皂色和烟色等三个不同颜色，图案则主要是杯纹罗。杯纹罗的花纹为图案化的耳杯形，虚实两行相间排列。罗的织造需两个人同时操作，一人负责绞综、踏木、投杼，另一人负责挽花，才能织成这种罗孔清晰、花地分明的织物。

罗是汉代高级丝绸之一，是一种幅面有细孔眼的丝织品，汉代文献中经常提到它，如司马相如的《美人赋》有"玉钗挂臣冠，罗袖拂臣衣"。汉代无名氏诗中有"穆穆清风至，吹我罗裳裾"。辛延年《羽林郎》诗："贻我青铜镜，结我红罗裾。不惜红罗裂，何论轻贱躯。"

除此之外，马王堆汉墓还出土了10多个品种的绮。其中以杯纹绮和香色对鸟菱纹绮最精美，保存最好。

○ 绛色杯纹罗

首次发现的印花丝绸

在出土的众多丝绸中，我们惊喜地发现有彩色印花丝绸——金银印花纱和印花敷彩纱，这是目前发现的世界上最早的纱。它完全突破了古代绣花和织锦的束缚，充分显示了我国劳动人民在印染技术方面惊人的创造力。

金银印花纱共出土了4件，它是用3块不同花纹的凸纹印版，用不同的颜色套印而成的，这是目前发现的世界上最早的三版套印的彩色印花织物。

印花敷彩纱出土有纹样相似但色彩不同的5种式样。它的图案花

○ 金银印花纱
这是目前发现的世界上最早的彩色印花织物

○ 印花敷彩纱

这种印绘结合的印制工艺,是目前发现的世界上最早的,其所花的功夫仅次于绣花

○ 南越王墓出土的凸纹印版

纹是连续的藤本植物的变化形象，每一单元纹样的婉转藤蔓是用镂空版印成的，其余的叶、花、蓓蕾、苞片则是用笔敷彩，花6道工序绘上去的。1块镂空版，可印4个单元图案，即使如此，每米800多个单元图案，仍需200多版才能完成。这种印绘结合的制作工艺，突破了古代绣花和织锦的束缚，别具一格。

上述两种印花丝绸，都是第一次发现，即第一次发现凸纹（阳纹）版印花和镂空（阴纹）版印花。它们为后来的镂空版筛网印花法和绞缬印花法等的出现做了技术准备。

又见帛画

在马王堆汉墓出土的文物中，大约有上千件文物绘有精美的图画。这些古代东方的精美绘画，即使在世界绘画史上也有一席之地。

一号墓和三号墓共出土了不同内容、不同用途的帛画10余幅，其中以两幅T形帛画最重要。

一号墓的T形帛画刚一出土，就扬名世界，被列为全世界最珍贵的艺术品之一。到目前为止，国内外发表的关于研究它的论文有100多篇，对帛画内容的解释有10多种，大多数人认为画的主题是表现墓主人升天的场景。虽然帛画的主题是引魂升天，但内容却是天、地、人，无所不包，把当时一代人对宇宙的整个看法都包含在其中了。

○ 一号墓T形帛画
古时的"铭旌"。长
205cm,上宽92cm,下
宽47.7cm,加上悬挂
用的丝带和下垂的穗
子,通长282cm

帛画分为地下、人间、天堂三个部分。简单来说，地下部分是大海。画面正中，有一个赤身裸体的巨人，两足分别踏于两只交叉直立的巨鲸或鳌鱼之上，双手和头顶擎着大地，这应是大地之神或海神。在大地与大海之间，左右各有灵龟一只，口衔芝草，龟背上有一鸱鸟。这一画面，应与《楚辞》上所说的"鸱龟"故事有关。《楚辞·天问》有"鸱龟曳衔"之语，以前各注家均不知"鸱龟"是什么意思，后来看到这幅帛画，豁然开朗。

大地之上是人间的画面，以墓主人出行升天和人间祭祀为中心内容。祭祀在一个挂有悬磬等乐器的祠堂中举行，祭案上摆着祭祀用的礼器，有鼎、壶、勺、耳杯和盛着牺牲的漆盒。祭案前面有两人分左右两排拱立，这是死者的家属在进行祭祀。在左边家属后面，单立一个穿白袍的人，这大概是主持祭祀的祝官。在祠堂的屋顶上，有两个人头鸟身的羽人，这应是引导墓主人灵魂升天的仙人。再上面，是双龙穿璧。璧通常是做礼天之用，是沟通天地，或是沟通人神的工具。玉璧之上，左右各有一神豹扶着一条通天的大道，道路华丽，嵌着有雷纹图案的铺地砖。大道通向一菱纹长坛，坛上中央是身穿乘云绣丝绸彩袍、盛装打扮、拄杖缓行的墓主人。墓主人后面是一群侍女，前面是举案跪迎的方士，左右云气缭绕，给人以冉冉升天之感。墓主人之上有华盖和引导升天的神禽飞廉与凤鸟。

这里墓主人的肖像，是作者集中全力刻画的部分。墓主人的面貌、服装、头饰，与内棺中墓主人实体对照正相符合。画面上墓主人头部向前微伸，背微驼，拄杖缓行，可以看出她似乎患有某种疾

○ 一号墓T形帛画墓主人写实

病。通过对墓主人尸体的解剖，发现她确实患有腰椎间盘突出的疾病。从此可以看出此幅帛画惊人的写实性。从画中墓主人的脸部表情和眼神看，墓主人难舍人间的亲人，她悲伤而茫然地走向天堂。

据临摹过这幅帛画的刘炳森先生说："据说在战国时代就有肖像画，可惜不见实物，而这幅西汉帛画的中段所绘，是真真确确的墓主人像。表现方法虽属单线平涂，但解剖关系和精神状态等重要环节都处理得比较恰当。与墓主人生动的面庞相适应的身躯部分，作者发挥出惊人的才能，利用纤细、挺拔而富有弹性的长线条，画出了长袍广袖的服式和柔曼轻盈的质感；线条流畅而不轻浮，格局严谨而不板滞，疏密繁简都能运用自如，安排得当。类似这种用来刻画人物形象的线条，传到后世，即所谓十八种描法中的高古游丝描。"墓主人的形象，是帛画艺术技巧的最高体现，从此图中，我们仿佛看到两千多年前的轪侯夫人，正拄着拐杖向我们慢慢地走来。

再上就是天堂的画面了。华盖之上有双阙，阙上伏着虎豹。双阙之间，有两人倚阙对坐。这与曹植《仙人篇》对天门的描写"阊阖正嵯峨，双阙万丈余，玉树扶道生，白虎夹门枢"是相符合的。阊阖就是天门，守天门的两人叫"阍"。屈原《离骚》中说，我叫守卫天门的阍把门打开，他却倚靠天门把我呆望。图中的两个阍不正依靠着天门吗？阙上的两只虎豹，就是《仙人篇》所说的"白虎夹门枢"。天堂是什么样子？按帛画的描绘，天堂正中的是天帝，即一个人首蛇身之神。她头上无冠，披着长发，显然是一个妇女形象，因为帛画中凡戴冠者为男，无冠长发者为女，这也是汉画中常见的女娲形象。东汉王逸注屈原《天问》时说，屈原见到了女娲人首蛇身画像，因而发问："登立为帝，孰道尚之？女娲有体，孰制匠之？"意思是女娲登位为帝，是谁倡导和推崇的？女娲人头蛇身，是谁设计和创造的？

帛画围绕着人类始祖天帝，表达了汉人对天国的想象：右边是一轮红日，日中有金乌以及盘曲的扶桑树和八个小太阳（这显然是关于太阳的神话）；左边是一弯新月，月中有玉兔和蟾蜍。月下一女子，乘翼龙轻扬而上。这女子是谁？是奔月的嫦娥吗？西汉刘安的《淮南子》记载有嫦娥奔月的故事：传说尧的臣子羿，向西王母要了长生不死之药，但还没有来得及吃，就被他的妻子嫦娥偷吃了，嫦娥因此成仙，轻飘飘地飞升到月亮里去了，变成了一只蟾蜍，成为月精。但帛画的月亮里面，已有嫦娥变成的蟾蜍，那么月亮下面乘

○ 一号墓T形帛画天堂部分

龙飞升的女人就不应再是嫦娥了。况且，嫦娥是借助偷食灵药之功力飞升的，并无乘龙飞升成仙之说，所以，这里表现的很可能是墓主人的灵魂乘龙升入天国。从画面上看，进入天国后的墓主人，虽然面目依旧，但打扮和服装已不复如前，好似一个赤脚大仙。

据史书记载，秦汉时期广泛流传着乘龙升天的传说，如《太原真人茅盈内纪》一书记载：秦始皇三十五年九月，茅盈的曾祖父在华山之中，"乘云驾龙，白日升天"。又如《汉书·郊祀志》记载，方士公孙卿对汉武帝说："黄帝开采首山的铜，在荆山下铸鼎。鼎铸成后，天上有条垂着长须的龙下来迎接黄帝，黄帝骑上龙背，群臣、姬妾有70多人也跟着骑上去了，龙才上天。其余的小臣不能上去，就都抓住龙的长须，龙须被拔出，小臣们都掉了下来，黄帝的弓也掉了下去。百姓们仰望着黄帝上天去了，就抱着他的弓和龙须号啕大哭。"汉武帝听了叹道："唉，我如果能像黄帝那样乘龙升天，我会把妻子儿女当作鞋子一样丢掉！"由于当时人们深信乘龙可以升天，所以此帛画中墓主人乘龙升天之意境，就是在此信仰的基础上产生的。此外，天国里还有五只"鹤寿千岁"的仙鹤在仰首而鸣，有两只"一举千里"的鸿雁在高飞，有双龙飞舞，有神兽奔驰以及瑞云缭绕。

从绘画技巧来说，这幅T形帛画也是非常杰出的。首先，从构图看，天上部分采取横势，使天空显得广阔无垠。人间和地下部分，则采取纵势，因而显得紧凑、实在，使由下向上通往天堂之路得以充分表现。这种上宽下窄的表现手法，似乎与当时天圆地方的理论有一定的关系。画面上还有五条龙，它们从上到下贯穿整个画面，起到了整体构图上的联系作用，巧妙地把天上、人间、地下三部分有机地结合在一起，以表达墓主人乘龙升天的主题。

三号墓的T形帛画比一号墓的要大一些，也是分为地下、人间、天上三部分。只是帛画中部绘的是一个头戴刘氏冠、身着红袍、腰间佩长剑的年轻男子，这显然是墓主人轪侯出行的场面。这幅帛画的风格和技巧，也和一号墓相同。两墓墓主下葬的时间只相隔两三年，又属于同一个家庭，可能是同一个画家的作品。

三号墓棺室的东西两壁，也挂着两幅帛画。帛画均为长方形，长212厘米，宽94厘米，把东西两壁遮盖住。

西壁帛画也是一幅场景图，我们称之《凯旋图》，又名《车马仪仗图》。走在最前面的是墓主人，左上方有两队手拿戈和盾的将士，他的身后有源源不断的执着伞盖的随从，一直延续到帛画的边缘。墓主人和随从正在徐徐登上一个5层的高坛。画的左下方则是一个100余人组成的方阵，左右两方的人手执长矛，上下两方的人垂手肃立。方阵中间则是鸣金击鼓的军乐场面。帛画右上方是一个庞大的车队，每乘车都驾4匹马，驭手肃立车旁。帛画右下方是骑兵队伍，分14列纵队，每队6骑。帛画上的墓主人是整个活动的中心，所有的人物、车队、骑兵都面向着他，所有的活动都是围绕着他来展开的。

在利豨短暂的一生中，他只干过一件载入史册的大事，那就是在他担任长沙国武装部队总司令时，和中央政府派来的将军隆虑侯

三号墓T形帛画

○《凯旋图》局部

○ 少将军利豨

周灶一起统兵抗击南越军队对长沙国的入侵。这次出征取得了成功，迫使僭越称帝并与汉朝抗衡的南越王赵佗向汉中央政府俯首称臣，保证了长沙国边境的安宁。此事在《史记》和《汉书》中都有记载。这样一件载入史册的大事，是墓主人一生中最辉煌的业绩，在他的墓室，当然要有所表现。这幅帛画大概就是表现他率军出征前检阅部队的誓师大会，或者是他抗击南越军队后凯旋的庆功会吧。

东边墙上的帛画出土时残破较甚，从大小10多块残片看来，内容有手执长矛的骑士、四马驾驭的辎车、房屋建筑和妇女撑船等画面，人物与奔马的形态都很生动传神。从残存的内容看，应是描写墓主人田猎、游乐等豪华生活的场面。

在墓室壁上悬挂帛画，与北方一些汉代砖室墓壁画的表现技巧相似。山西平陆枣园新莽时期的壁画墓、山东梁山东汉壁画墓、河北望都汉代壁画墓、河北安平逯家庄汉代壁画墓、内蒙古和林格尔新店子汉代壁画墓和托克托县古城汉代壁画墓的壁画，都是表现墓主人生前的生活、官位和威仪的，并绘出了墓主人生前某些主要事迹。虽然前者是画在帛上再挂于墓室壁上，后者是直接画于墓室壁上，但两者表达的主题和作用却是相同的。前者属于西汉前期，时间比后者要早一些，所以，从这个意义上来说，马王堆三号汉墓是我国最早的壁画墓。

○ 棺室东壁帛画局部

三号墓墓主利豨乘船图

○ 棺室东壁帛画局部

三号墓墓主利狶骑马出行图

最古老的帛书

一号墓因出土了一具栩栩如生的女尸而震动世界，为了更加科学地发掘二、三号墓，我们花了一年半的时间做精心的准备。谁料想当我们打开三号墓时，却发现华丽的套棺已经裂开，尸体仅剩下骨架。就在我们万分沮丧的时候，一个天大的佳讯突然传来：在椁室东边厢的北端，发现了大量的帛书和简牍，这是一号墓所没有的。真是失之东隅，收之桑榆啊！

帛书放在一个很大的漆木箱内，由于墓室白膏泥密封不严，地下水涌入了椁室，经千年浸泡后，折叠的帛书粘连难分，折叠处均已断裂，谁也不敢去动它。发掘领导小组决定：立即将帛书运送至北京故宫博物院，请有关专家处理。

故宫博物院的装裱老专家们，用了整整一个冬天，才把数量庞大的帛书揭开、清理、修整完毕，并且大体上装裱起来了。

西汉初期，纸还没有发明，人们用来书写的材料，一般是竹片，称为竹简。竹简长为汉尺1尺，合今天23厘米左右，宽将近1厘米。有时也用木简，但比较少。木简又叫木牍，比竹简要宽厚得多，书写的字数也多些。当时的书籍就是用绳子把写过的竹简或木简编缀起来，一本几千字的书，需要几百片，沉得很，读和搬动都很不方便。有钱人家，就用丝帛来写书，这种书阅读、携带、收藏都很方

○ 三号墓盛帛书简牍的大漆木箱

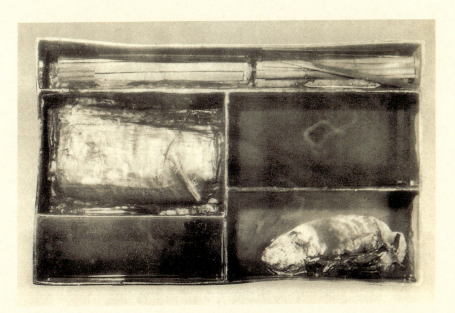

○ 箱内帛书和竹简医书的放置情况

便。轪侯家算是很有钱的了，所以他家的书籍，有40多种是帛书，只有4种是竹简和木简。

1974年3月，马王堆汉墓发掘结束才两个月，国家文物局就开始组织成立马王堆汉墓帛书整理小组。国家文物局邀请了北京大学、中山大学、复旦大学等数所国内名牌大学，中国科学院各有关研究所、故宫博物院、中国历史博物馆以及国内有关科研机构的专家、学者共30多位，其中有许多著名的古文字专家，我幸运地忝列其中。

裱好后的帛书，寄存在故宫博物院，这主要是为了方便北京帛书整理小组的工作。我作为帛书所有者湖南省博物馆的代表，承担了许多涉及帛书的事务性工作。

"帛书"这个名词，我曾经在《史记》《汉书》以及其他古籍中多次见到过。但是，两千多年前的帛书实物还是第一次看见。

帛书使用的书写材料是汉代的帛。帛是汉代丝织品的一种。《说文·巾部》："帛，缯也。"缯是汉代对丝织品的统称。其注又说："帛，今之璧色缯也。"古代玉璧多为白色和青白色，故璧色缯当指白色或青白色的帛。我们注意到，三号墓出土了许多箱丝绸，每个箱子上都挂着一个木牌，牌上写着箱内丝织品的名称，其中有一箱"帛缯笥"，里面装的大概是轪侯家专门用来书写用的帛。

实际出土的帛书是写在细密均匀的生丝平纹绸上的。但颜色并不是白色或青白色，而是米黄色或浅褐色，也许是经过千年浸泡，也许是经过装裱，改变了它的颜色吧。

帛书是从右至左直行书写，有整幅48厘米和半幅24厘米两种。

帛书画有直行的格子，有朱色格和墨色格两种，少数帛书也有不打格子的。整幅的每行70多字，半幅的30多字，字迹秀丽、工整。但各书的字体差异较大，有小篆、古隶、今隶以及篆隶之间的书体，风格也多样，这说明帛书书写的年代有先后，而且不是出自一个人的手笔。

帛书用帛很长，一种书写完后，接着就写另一种书，并不剪断。只是每种书的开头，涂一个墨色的小方块或圆点做标记。个别书的末尾，写有书名和字数。如"德。三千四十一"。

帛书整理小组的第一项工作是拼接帛书。

由于帛书出土时已经无法按原样打开，只能一片一片地揭取碎片，所以我们必须先将这些碎片按原文的先后顺序，恢复成原来的样子。

帛书的拼接不能在裱好的帛片上直接进行，只能拿照片来拼接。我们拼接的工具是一把剪刀、一个放大镜和一瓶胶水或糨糊。

拼接工作是非常艰苦和细致的，因为帛书残破太甚，虽然原来帛书残片都已编上了次序号，但还是拼接困难。有时为了在一大堆残片中间寻找所要的那块帛书，就好像大海捞针，几个小时也找不到，搞得头昏眼花，腰酸背痛，心烦不已。有时真是无可奈何，只好暂时放下，转去拼接别的帛书。

帛书整理的第二步工作是释文，这是帛书整理的基础，因为不把两千多年前难认的古字转成今天的文字，其他工作就无法进行。

帛书的释文有个大体的分工，每人负责一种帛书，完成后再开始第二种帛书的释文。各人完成的释文要经小组讨论才能算最后定稿。

小组分配给我的释文任务是最容易的《五星占》附表、《西汉初期长沙国南部地形图》和《驻军图》三种帛书。

帛书是非常珍贵的国宝级文物，虽然装裱好了，小组人员也很难见到帛书原物，只能按拼接好的照片释文。如果有不清楚的地方，必须看帛书原物，也要先经国家文物局王冶秋局长的批准，才能去故宫看一看。

去看帛书有许多禁忌，比如不准动手，不能摸它，不准用强光照明（怕紫外线损伤帛书），如果你没有戴口罩，就不能对着帛书说话，因为溅出的唾沫星子落到帛书上是会长霉的，你唯一能做的就是用眼睛看。总之，你得小心翼翼，慎之又慎。

椁室的东边厢的北端，大概是模拟墓主人的书房，这里放着数百捆竹简、木简和12万多字的帛书，经过后来整理，发现有古籍图书四五十种之多。图书的内容非常广泛，既有社会科学，又有自然科学；有哲学、历史、文学、军事、宗教、绘画等，也有天文、地理、医学、历法、气象、建筑、畜牧等方面的古籍。这么多图书，真可以称之为"地下图书馆"了。这些图书，大部分是早已失传的书籍，有的虽然今天有传世本，但对照其内容，也有不同程度的出入。尤其引人注目的是，在科学技术方面，我们在帛书上有惊人的发现。

在此期间，我们的工作得到了毛泽东同志的关心。

1974年8月，毛泽东同志正在湖南视察，他从《人民日报》刊载新华社发的一条消息中了解到长沙马王堆三号墓出土了大量帛书后，非常关心，亲自接见了中共湖南省委书记李振军了解情况，称赞我们干了一件大好事啊！毛泽东同志还提出想看帛书。于是我们加班加点，在9月上旬整理出了《老子》甲、乙本，印刷成册，送到毛泽东同志的手中。

关于帛书的种类，说法有很多，最初说是20多种，后来又说是30多种。帛书整理小组于1974年9月，定为15大类40余种。后来经过20多年的研究和整理，又有新发现。2000年1月，中国大百科全书出版社出版的陈松长先生的《帛书史话》中，按汉代图书分类法，分为6大类45种。具体见下表：

分类表

帛书	六艺类	①《周易》（又称《六十四卦》）②《二三子问》③《系辞》④《易之义》⑤《要》⑥《缪和》⑦《昭力》⑧《春秋事语》⑨《战国纵横家书》⑩《丧服图》
	诸子类	①《老子》甲本②《五行》③《九主》④《明君》⑤《德圣》⑥《经法》⑦《经》（或称《十大经》《十六经》）⑧《称》⑨《道原》⑩《老子》乙本
	兵书类	①《刑德》甲本②《刑德》乙本③《刑德》丙本
	术数类	①《阴阳五行》甲本②《阴阳五行》乙本③《五星占》④《天文气象杂占》⑤《相马经》⑥《杂占图》（或称《卦象图》）⑦《木人占》⑧《社神图》（或称《太一将行图》《辟兵图》）
	方技类	①《足臂十一脉灸经》②《阴阳十一脉灸经》甲本③《阴阳十一脉灸经》乙本④《脉法》⑤《阴阳脉死候》⑥《五十二病方》⑦《胎产书》⑧《养生方》⑨《杂疗方》⑩《却谷食气篇》⑪《导引图》

（续表）

帛书	其他类	①《西汉初期长沙国南部地形图》②《驻军图》③《城邑图》
帛画		①《车马仪仗图》②《行乐图》③《城市建筑设计图》④一号墓T形帛画⑤三号墓T形帛画
竹简		①一号墓遣策②三号墓遣策③《十问》④《合阴阳》⑤《杂禁方》⑥《天下至道谈》

在帛书整理工作中，最难整理的要算《周易》了，它是我们比较靠后整理完成的帛书。

《周易》又称《六十四卦》。这是现存最早的《周易》抄本，它与现在传世的任何一家《周易》均有不同。帛书《周易》有经和传两部分。经文、卦象、卦辞、爻辞大体完整。与今天的通行本比较，其卦的序列大不相同，而且没有分上、下篇。传则有《二三子问》《系辞》《易之义》《要》《缪和》《昭力》6篇，除《系辞》外，其余均是佚书。

帛书《周易》共有4500字，原无标题，帛书整理小组考察其内容，定名为《周易》。

帛书《周易》的成书年代，学术界尚有不同看法，但其抄写的年代，则一致认为是西汉初期，应是孝惠元年（前194）至文帝十二年（前168）之间。这是目前可以见到的最早的《周易》本子。

"地下图书馆"藏了那么多图书，这使我们想起了距三号墓墓主下葬不久的秦始皇"焚书坑儒"事件。三号墓墓主埋葬的时间是汉文帝十二年，即公元前168年，而焚书坑儒发生在秦始皇三十四年，即公元前213年，两者相距只有四十多年。当时年纪大些的人，都应

○ 帛书《周易》局部

该亲身经历过焚书坑儒事件。

　　据《史记·秦始皇本纪》记载，秦始皇曾下令："史官非秦记皆烧之"，"天下敢有藏《诗》、《书》、百家语者，悉诣守、尉杂烧之"，"令下三十日不烧，黥为城旦"。意思是说除了记载秦国的史书外，其他历史书全部烧掉；天下凡藏有《诗》《书》和诸子百家书籍的，都要送去烧掉；如果命令下了三十日还不烧掉的话，就要判四年苦役，到边疆去筑长城。但是三号墓出土的帛书和竹简中，大多数是秦以前的作品。如其中已经确定为战国时期的作品有《老子》《经法》《经》《称》《道原》《九主》《战国纵横家书》《春秋事语》《天文气象杂占》《五十二病方》《相马经》《周易》《足臂十一脉灸经》《阴阳十一脉灸经》《脉法》《阴阳脉死候》16种著作，另外还有一些尚不能确定其成书年代，但无论如何，这些帛书是战国时期流传下来的则是肯定的，虽然它们抄写的年代在秦汉之间或西汉初期。其中的《战国纵横家书》，是一部记载七国的史书，该书中所讲的"合纵连横"之说，"战国之权变"等思想，正是秦始皇最害怕的，也正是李斯向他提出的焚书建议中所说的"语皆道古以害今，饰虚言以乱实""为妖言以乱黔首"，专门煽动老百姓来反对他，对他的统治非常不利，非马上烧掉不可的书。《春秋事语》也是一部类似《左传》的史书。此外，《老子》《九主》《经法》《称》《道原》《经》等，均是所谓诸子百家的书籍，皆是指名要烧的。所以，从出土的帛书来看，秦始皇说的"吾前收天下书不中用者，尽去之"的话，根本没有做到。

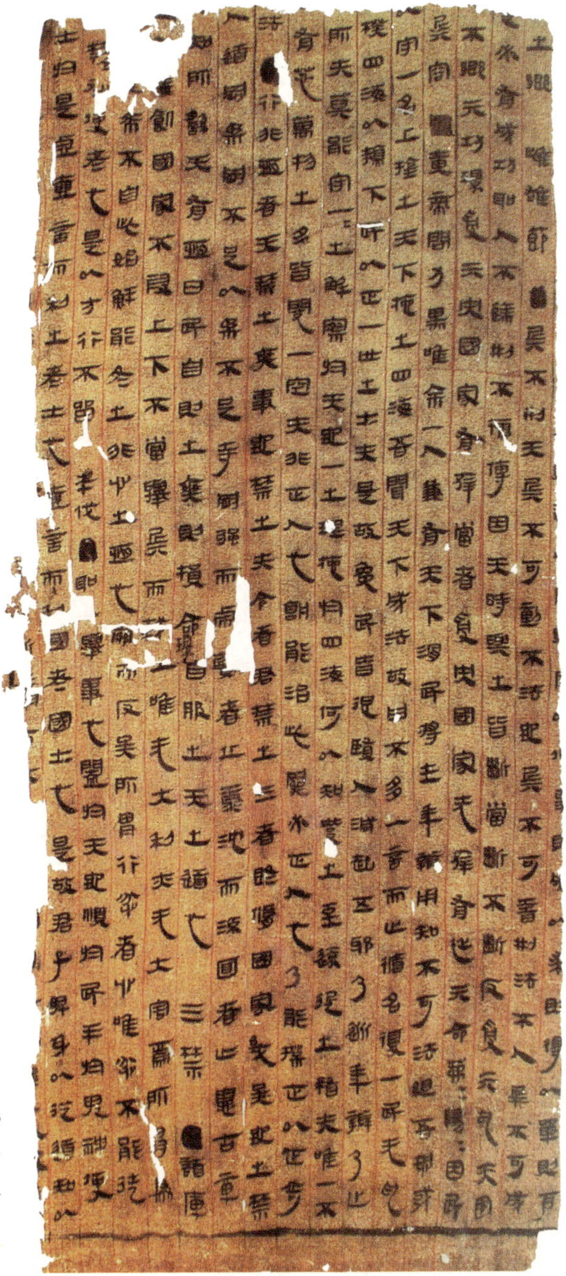

○ 帛书《十六经》局部
这是古代《黄帝四经》
之一,通过黄帝与臣子
的对话,阐述治国之术
和军事谋略

从三号墓的帛书我们也了解到，帛书中虽然有史书，也有"百家语"之类的书，但毕竟不占多数，大部分还是占卜、巫、医药、地图、天文、丧服、畜牧之类的书，这正合《史记》中记载：不烧的是医药、卜筮、种树之类的书籍。

最古老的地图

我在完成《五星占》附表释文后，又负责起了帛书地图的释文，并和故宫博物院、中国测绘研究所（今中国测绘科学研究院的前身）、中国地图出版社、复旦大学历史地理研究室的专家们一起，组成拼复小组，着手拼复帛书地图。

帛书地图出土于三号墓东边厢，一个长方形的漆盒子里面，装有四幅画在帛书上的图，它们被折叠成长24厘米、宽12厘米的长方形。由于长年叠压和地下水的浸泡，折处已多处断裂，无法打开。故宫博物院的装裱专家只好先一片一片地揭下来装裱，最后才做拼复。最后发现一幅大一点的地图竟然断裂成32块长方形残片，其他几幅小的每一幅也断裂成好几十片。我们先把大幅的拼复起来看一看。

断裂的帛片上，有墨绘的河流、山脉、城市、道路、乡村和篆书地名。由于帛片相互渗印，有很多深浅不一、粗细不等、形状不同的线条、圆圈、方框和篆书注记，加上帛片的严重残损，给复原工作带来了很大困难。我们在拼复过程中，发现最上边的帛片上有一块很大的用墨绘的半圆形全黑图形，它的下面与河流相连，显然，这是表示湖海等水域的标记。由于这幅地图出自汉初长沙国丞相轪侯家族的墓里，我们起初误以为这是古代的湖南地图，并且认为最上边那块半圆形的全黑图形，就是洞庭湖，有湘、资、沅、澧四水与它相连。拼复以后，大家一看，发现矛盾百出：河流、山脉都不相连属，有些帛片明显倒置，有河流倒流现象。第一次拼图失败了。后来经过复旦大学历史地理研究室、中国测绘研究所、中国地图出版社、故宫博物院和湖南省博物馆等许多单位的专家的艰苦努力，才恢复了地图的原貌。经研究发现，这是西汉初期长沙国南部地形图。

地图是边长96厘米的正方形，和现在的地图不同的是，其标识方向为上南下北。所绘的范围，西至广西全州、灌阳，东至湖南嘉禾，北至湖南新田，南至广东珠江口外的南海，是汉初长沙国南部和南越国的北部区域。主区在长沙国一边，邻区是南越王赵佗辖地。主区内容详细，邻区简略。按照通常以主区命名地图的原则，我们把它称为《西汉初期长沙国南部地形图》。该图已具备了现代地图的基本要素：山脉（地貌）、水系（河流）、居住地和交通网。其主区的比例尺大致为1：180000，即是古代一寸折十里的地图。

这幅两千多年前的地图，就已有了大致的比例尺，有了现代地形图的基本要素，真是叫人大吃一惊。当我们把帛书地图与今天绘制的同一地区的地图进行比较，发现河流骨架、河流的平面图形、河流的流向及主要弯曲均大体相似，可知当时的测量是多么准确！

我国著名的历史地理学家、复旦大学教授谭其骧先生在《二千

○《西汉初期长沙国南部地形图》

这是世界上现存最早的帛书实测地图,比之前最古老的埃及地图还早三百多年。图中
方框表示县治,圆圈表示乡里,细而匀的直线表示道路,有粗细变化的曲线表示河流。
标图方向为上南下北

一百多年前的一幅地图》一文中说："拿这幅图来和现代最精确的图相比，那当然要差一些。要是拿这幅图来和采用现代测绘技术以前的旧图相比，那么就这幅图的主区部分而言，就决不比任何图差。即如《嘉庆重修一统志》的永州府图和以《内府舆图》为蓝本的《大清一统舆图》的这一部分，便都不及此图准确。"

这幅帛书地图应该是通过实测的，否则不可能如此准确。但地图所测绘的地方，是江南有名的五岭山脉，到处是高山深谷，云遮雾障，至今还绵亘着广袤的原始森林，在当年没有航测技术的情况下，能把这数万平方公里的广大地区测绘得如此准确，真是令人费解。

由中国测绘研究所、中国地图出版社的专家和我一起组成的帛书地图整理小组，在翻阅了中国和世界的地图测绘资料之后得出了如下结论："在这幅地图出土以前，我们所能见到的最早的地图，要算伪齐刘豫阜昌七年（1136）刻于石碑上的《禹迹图》《华夷图》。而马王堆出土的汉初地图，除开它丰富的内容和测绘的精确不说，单是成图的时间，就比《华夷图》等早一千三百多年。在国外，古代巴比伦四千多年前有陶片地图，它就像我国《山海经》图一类的地图，只能说是传说中的地图，无法与马王堆的实测地图相比。直到公元2世纪，才有古希腊人托勒密在《地理学指南》一书中的地图，其中世界图的大陆东方及南半球的地理轮廓，是根据传闻和想象绘制的，该图的内容和实用性远不及前述的汉初地图，而时间上至少也晚了三百多年。因此，这幅汉初地图是目前世界上发现最早的一幅地图。"

最小的一幅帛书地图经拼复后，我们发现它是一幅《城邑图》。图高40厘米、宽45厘米。图的内容很丰富，有城垣范围、城门堡和城墙的楼阁，以及城区的街道、宫殿建筑等。

这是一幅彩色地图，用蓝色绘出城上的亭阁，用双红线绘出街坊和庭院，院内也涂以红色。城内的街道，以宽窄区分出主要街道和次要街道。宫殿、城堡用象形符号表示，和现代城市旅游图的绘制方法几乎相同。因为这幅图无任何文字说明，只好凭想象。有的

○　帛书《城邑图》残片
原图高40cm，宽45cm，是世界上现存最早的彩色帛书城邑图

说这是墓主人驻守的长沙国南疆边界附近的城堡，他曾在这里镇守过；有的说这是长沙国的国都临湘在二千一百多年前的平面图。据专家考证，这是世界上现存最早的彩色帛书城邑图，它对于研究中国早期城市的形制、规划布局、城防设施、城堡、城垣、楼阁建筑艺术等，都是极宝贵的资料。

第三幅图就是二千一百多年前的城市建筑设计图纸。令人惋惜的是，该图已残破成三十多块小碎片了。经初步拼复，原图长和宽

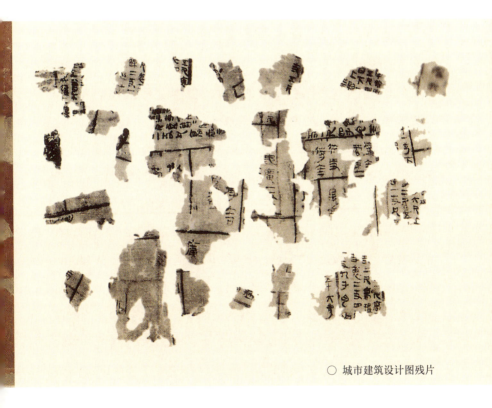

○ 城市建筑设计图残片

各约30厘米。图中各处有标记文字，但大多数因残破而失去，只剩少数标注文字，如"城周二百九十一步"，南北长"五十六步"。在残字中，能看清楚的有"南雄门""东北隅楼""佐史侍舍""侍舍"，以及"瓦盖""秆盖"和"池广一丈""深六尺"等字样。

从图中可以看出，这不会是地图，而是一张县邑或城镇的建筑设计图纸，所以图中才有作为实施建筑的各种尺寸以及建筑所用材料的标注。

我们还发现了一张非常重要的作战地图——《驻军图》。这是一张利用黑、红、田青三色绘在丝绸上的地图，地图长98厘米，宽78厘米，图的上方标有篆书"南"字，左方标有"东"字，方位与同墓出土的地形图一样为上南下北。地图所绘的范围正是长沙国与南越国交界的地区，也是当时两国交战的地区。主区位于九嶷山与南岭之间，相当于今天湖南省南部靠近广东的江华瑶族自治县一带。图上根据汉中央和长沙国统帅部的作战意图和决心，按照地形条件，标出兵力的配置、作战状态等情况。它是这次战争中重要的作战文书之一。

军事地图的中央标有指挥部，指挥部的前面、左面和右面均有军队驻守，正面宽约40公里，纵深约50公里。全军分二线部署兵力，并依托三条山谷扼守南越国进入长沙国内地的通道。第一线兵力为徐都尉军的三支部队，第二线为周都尉军的两支部队。在指挥部的后方，还有司马得军的两支部队，这是后备部队。左边还有桂阳军的一支部队。在司令部的后方，有供应武器、军需的后勤基地，整个作战部队呈梯形配置。

○《驻军图》

图上标明的"周都尉军""徐都尉军""司马得军"等是中央派来的隆虑侯周灶的军队，还是长沙国的军队，这一点我们无法弄清楚，也许是中央军队和长沙国的联军。在这张图上，我们可以看到当时战争的种种迹象，如图上有许多村子注上"□□户，今无人""□□户，不返"。原来这些地方被南越军占领过，居民有的被杀，有的逃跑了，所以注明"今无人"；有的村子的村民被掳，所以注明"不返"。有的村子还注明"并□□里"，说明当时还采取了战时临时并村的措施。看到这张图，两千多年前战争的硝烟似乎又在我们的眼前弥漫。

最早的天文著作

英国著名学者李约瑟博士在他编写的《中国科学技术史》第三卷《天学》中谈到彗星的时候，引用了1644年我国手绘的一幅彗星图，说他不知道北京明清两朝的档案中，是否还有这种彗星图。他也许认为1644年的这幅彗星图，就是我国最早的彗星图了。但是他根本没有想到早在西汉，我国一个没有留下姓名的天文学家，绘制了29幅不同形态的彗星图，完好地保存在马王堆汉墓内的帛书《天文气象杂占》中。

帛书长150厘米，宽48厘米，是一本以彗星、云气占验吉凶的书，估计其成书的年代不会晚于公元前223年楚国灭亡之年。这些彗星图都绘有彗核、彗发和彗尾，而且它们头朝下，尾朝上，彗尾总是背着太阳。这一规律，在国外直到1531年才由欧洲人波特尔·阿毕安发现。66年，世界上有一幅关于出现在耶路撒冷上空的彗星的彗星图；欧洲直到1528年还把彗星画成一个怪物。而马王堆汉墓出土的彗星图比国外最早的彗星图早了二百多年，比欧洲早了一千多年！

彗星离太阳较远的时候，只有一个彗核，只有当它靠近太阳时，才喷射出物质而形成彗尾。这一喷射理论在国外是德国天文学家贝塞尔在1835年首先提出来的。但是，在马王堆汉墓帛书《五十二病

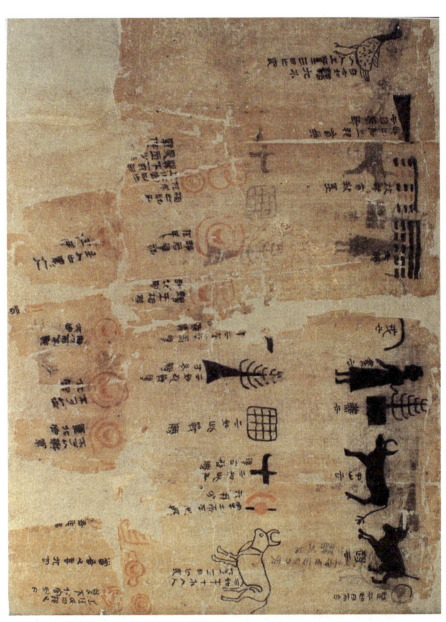

○《天文气象杂占》彗星部分局部

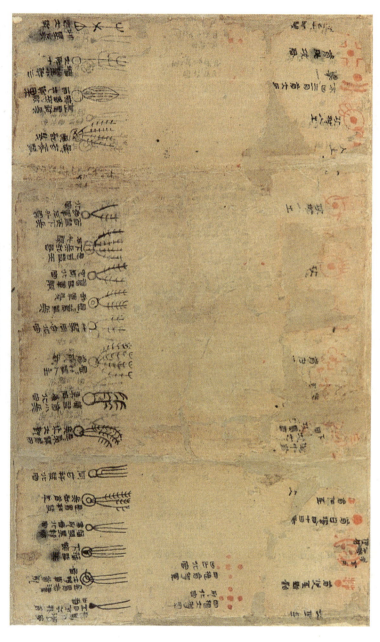

○《天文气象杂占》彗星部分局部

方》中，有"喷者虞喷，上如彗星"的话，说明中国比贝塞尔早两千多年就观察到了彗星的喷射现象！

　　墓中出土的帛书《五星占》是战国时期楚人甘德和魏人石申合著的《甘石星经》的主要内容。《甘石星经》成书于公元前370年至公元前270年，比最早的古希腊天文学家伊谷巴的作品还要早两个世纪。所以，马王堆汉墓帛书《五星占》就是世界上现存最早的天文书。它对金星的记载尤其详尽精确，所测得的会合周期是584.4日，和现今天文学家测得的583.92日只差0.48日，误差只有万分之几。帛书中还说："五出，为日八岁，而复与营室晨出东方。"意思是说，金星的五个会合周期刚好等于八年。该书还利用这个周期，列出了

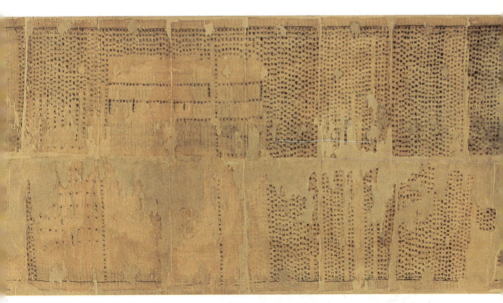

○ 帛书《五星占》
世界上现存最早的天文书

秦始皇元年（前246）到汉文帝三年（前177）共70年的金星动态表。关于这个问题，法国现代著名天文学家弗拉马里翁（1842—1925）在他的名著《大众天文学》第二册里说："八年的周期已经算是相当准确的了。事实上，金星的五个会合周期是八年（每年365.25日）减去两天十小时。"弗拉马里翁利用这个周期，预报了20世纪后半期和21世纪初期的金星动态。须知中国古代天文学家和近现代西方天文学家的发现是相同的，但时间却早了两千多年。

马王堆一、三号墓的T形帛画上部画的都是天象图，右上角绘有一个血红的太阳，太阳里站着一只黑色的鸟，这实际上是我们祖先所观测到的日斑，即太阳黑子的形象化描述。时间比马王堆汉墓稍晚的《汉书·五行志》记载："永光元年（前43）……日黑居仄，

○ T形帛画天象图

大如弹丸。……河平元年（前28）日出黄，有黑气大如钱，居日中央。"《后汉书·志·五行》记载，中平五年（188），"日色赤黄，中有黑气如飞鹊"。《宋史·志·天文》记载：宋徽宗政和二年（1112），"日中有黑子，乍二乍三，如栗大"。宋高宗绍兴元年（1131），"日中有黑子，如李大"。不管上述史书中对太阳黑子如何形容，有一点可以肯定，中国在西汉就已观测到太阳黑子，马王堆汉墓帛画的出土证实了这一点。对此，美国天文学家海尔在他写的《宇宙的深度》一书中说："中国古代观测天象如此精勤，实属惊人，他们观测日斑，比西方早约两千年。"因为西方直到17世纪才发现日斑。

最古老的医书

马王堆汉墓出土古医书14种，几乎占全部帛书的三分之一。有人统计过，中国现有医书8000多种，其中最古老的是公元前3世纪的《黄帝内经》。但据一些医学专家考证，马王堆汉墓医书《五十二病方》的成书年代比《黄帝内经》还要早，也就是说，它是我国目前已发现的最早的医书。同时出土的还有《足臂十一脉灸经》和《阴阳十一脉灸经》。《足臂十一脉灸经》是我国最早的经脉学著作之一。它简要而完整地论述了人体中十一脉的名称、循行经络、生理病理和灸法治疗。《阴阳十一脉灸经》也是我国最早的灸疗学专著。

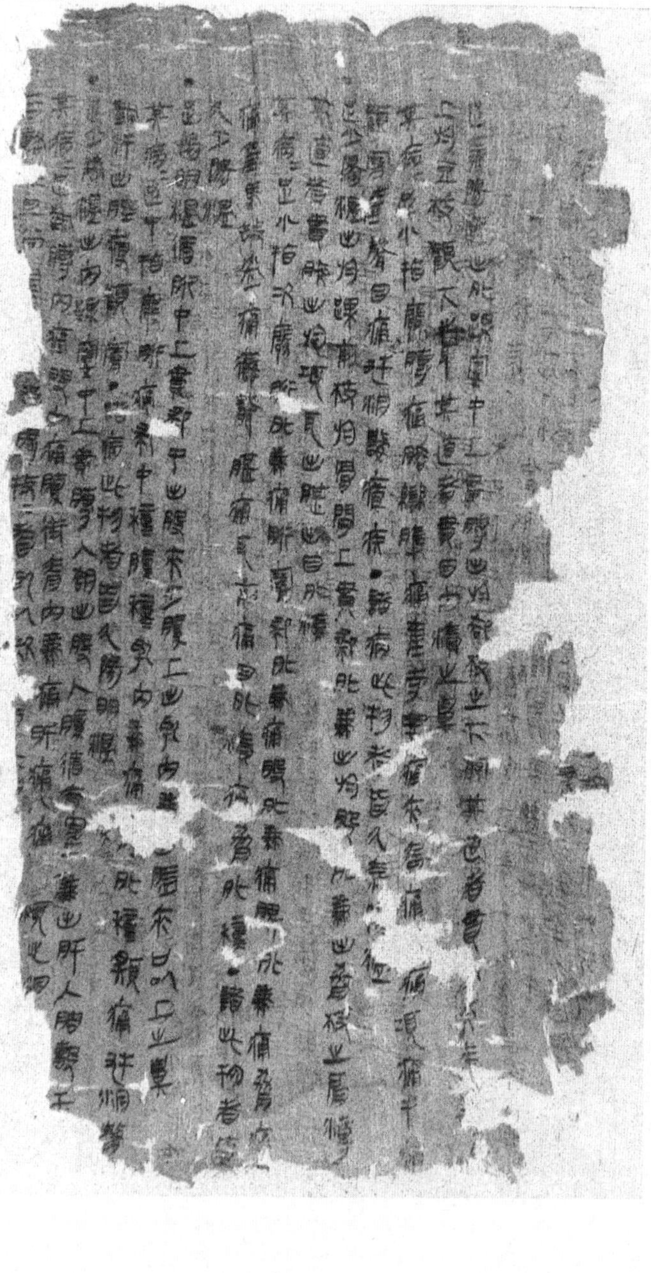

○《足臂十一脉灸经》局部

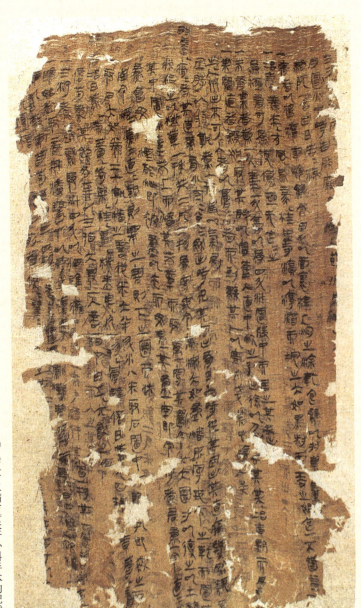

○《五十二病方》关于外科手术的记载

至于《导引图》，无论是文字还是术式，都是首次发现，它比东汉华佗始创的"五禽戏"要早，比印度的瑜伽术则更早得多。所以许多学者认为，帛书《导引图》是气功养生学的渊源。

过去，人们一直认为我国最古的医书是《黄帝内经》，按理说，有《内经》就应该有《外经》，但《外经》一书在哪里，过去一直无法查考。《群经见智录》中说："《内经》当是患病原理之书，《外经》当为论治病方法之书。"帛书《五十二病方》中都是古医方，书首有目录，正文每种疾病都有标题，共52题。每种疾病题下分别记载各种方剂和疗法，少则一二方，多则20方至30方不等。疾病分类包括外科、内科、妇产科、小儿科、五官科。治疗的主要方法是用药物，也用灸法、砭石及外科手术等方法，书中药名300多种，医方达283个之多，药剂型有丸、散、汤、酒、油膏等。所以，有的专家认为，《五十二病方》就是早已失传的《黄帝外经》。一般认为，外科手术是西医的事，中医只用汤药。但是，马王堆汉墓的医书告诉我们，两千多年前，外科手术在中医治疗上占有重要的地位，《五十二病方》中就记载了不少外科手术。举例来说，"牝痔"篇中记载割除直肠内的痔或瘤子的方法是：将狗的膀胱套在竹筒上，扦入人的肛门直肠内，用嘴吹竹筒，使狗膀胱胀大，然后拉竹筒将直肠下端患部引出，再用刀割去痔或瘤子，在刀伤口上敷上中药黄芩。如果直肠在外不能复位，就用膏油涂在直肠上，使其润滑，再倒悬其人，用冷水溅患者心腹部，刺激腹腔，令其收缩，这样，直肠就自动回到腹腔里去了。这不仅在中国，恐怕在世界上也是关于外科手术最古老、最完整的记载了吧。这进一步证实了，我国古籍中关于著名外科手术专家扁鹊、华佗的记载，不会是不真实的。

西方医学史记载，12世纪的意大利外科医生罗吉尔是用水银软膏治疗痈肿和皮肤病的创始者。事实上，《五十二病方》中，使用水银治疗上述疾病不但有软膏制剂，而且还有一些其他剂型。显然，中国是这种疗法的最早发明者，它比西方早了14个世纪。

两千多年前是怎样制造药酒的呢？医书《养生方》和《杂疗方》等书中，详细记载了利用药物酿造药酒的方法，这与今天利用一般

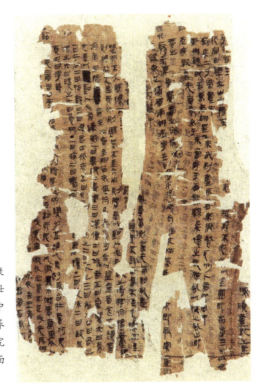

○《养生方》局部

该书主要内容是防治衰老、增进体力、滋阴壮阳、房中补益等。其中许多医方，对于现代养生学研究、方药学研究以及老年病防治等方面均有一定的参考价值

酒类做溶剂，浸泡药物来制造药酒是完全不同的。有的医学专家对《养生方》所载的一张药酒方加以分析，发现其酿制的工艺程序共有10个步骤，并认为它不仅在世界制药史上，就是在化学酿酒史方面也占有特殊地位。我们现在还很难断定一、三号墓中是否随葬了药酒。尽管我们怀疑一号墓随葬品清单上记载的"酒"就是《养生方》所记载的那种药酒，然而我们没有将坛内干涸了的酒渣进行化验，故难以得出结论。

性医学是马王堆汉墓医书的一个重要组成部分。帛书《养生方》《杂疗方》《胎产书》，竹简《十问》《合阴阳》《天下至道谈》等，都

○《胎产书》残片
它是我国现存专论妇科学的最早文献，较详细地论述了孕期保健的种种方法

是性医学专著或与其有关的著作。

马王堆汉墓出土的性医学著作的主要内容是性生理和性心理以及关于性机能疾病的防治。如《十问》记录了古代君臣关于性爱时如何做到祛病益寿的问答。《天下至道谈》阐述了"合男女必有则"，也就是性交时必须遵守的科学原则。《合阴阳》则主要是探索男女性交时的生理变化和应注意的事项。

国内外许多医学专家对马王堆出土的性医学著作产生了浓厚的兴趣，他们对这份中国古代珍贵遗产非常重视，写出了研究马王堆性医学的论文数十篇，出版了马王堆性医学专著多种。

在国外，性医学的真正研究时间还只有一个多世纪，人们甚至认为性医学的创始人在欧美。有的说，最早开展性研究的是英国医生艾利斯（1859—1946）。也有的说，美国医生马斯特斯和约翰逊完成了性医

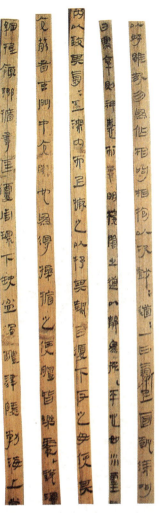

○ 性医学专著《合阴阳》部分竹简

○《导引图》帛画局部

宽50cm,长100cm,全图彩绘4排共44个人物,人物高9cm—12cm不等。每一种导引术式旁边都有该术式的名称,这是现存最古老的气功图谱

学这门学科的创立工作，其《人类性反应》出版于1966年。然而，从马王堆出土的多种性医学专著看，我国汉代的医生才是性医学研究的真正开拓者。

在帛书《足臂十一脉灸经》中，记载了现代心血管疾病诊断中的"三联音律的奔马律"现象，它一般发生在危重病人心力衰竭之时。在书中"三阴之病乱，不过十日死"后，有"掮温如三人参舂不过三日死"的记载，就是说，如果给病人号脉，病人的脉搏好像三个人手执杵棒一起参加舂谷一样，很快地以三联的节律协调地用力进行，则这个病人极其危险，过不了三日就会死亡。

在医学史上，最早报告此种三联音律的奔马律现象的，是1838年西欧的查瑟莱（Charcelay）。其后，特劳伯（Traube）对奔马律伴有交替脉的情况进行了深入的临床研究，并于1872年提出报告，故此现象被命名为"特劳伯氏奔马律杂音"。但是，谁会想到比特劳伯氏早两千多年，一个没有留下姓名的中国医生已经发现了这种现象。

导引作为一种强身健体的功法，在我国有悠久的历史。春秋战国时，导引就广泛地流行了。《庄子·刻意》说："吹呴呼吸，吐故纳新，熊经鸟伸，为寿而已矣，此导引之士，养形之人，彭祖寿考者之所好也。"先秦汉代古籍中也经常谈到导引，但导引到底如何做法，却不太清楚。马王堆《导引图》的出土，使我们终于形象化地了解到了导引的全部过程以及动作的具体细节。原图每个动作旁边都有榜题，如"熊经""仰乎""龙登""鹞背""沐猴欢""引膝痛""引温病""引聋"和"鹞"等，由于图片残缺，40个动作只存31处榜题。从题字和动作的姿势，可以看出是模仿某些动物来进行运动，以达到增强体质、治疗疾病的目的。如图中的"熊经"，就是画了一个穿长袍的男子，模仿笨拙的熊在攀援树木；"鹞"就是一个赤膊赤足穿裙子的男子，双手张开，做着飞翔的姿势；"沐猴欢"是一个男子站着，像猴子一样欢叫；"以杖通阴阳"是一个穿长袍的妇女，双手张开执长棒，弯腰俯身，以达到调和阴阳的目的。

《导引图》不仅古老而且流传时间极其久远。据《光明日报》报道，马王堆帛书《导引图》的功法，今天仍然在陕西户县祖庵镇（今西安市鄠邑区祖庵街道）一带流传，历经两千多年而不衰，这在世界上是罕见的。

失传的《相马经》

"世有伯乐，然后有千里马；千里马常有，而伯乐不常有……"这是我小时候读《古文观止》背熟了的句子。那时候，我只知道伯乐是古代的相马名家。后来，古书读多了，又知道他总结了前人和自己的实践经验，写了一本相马专著《相马经》。但是，伯乐的《相马经》早已失传了。这次出土的帛书《相马经》，经帛书整理小组考证，是战国或战国以前的作品，它是否就是已失传的伯乐的《相马经》呢？伯乐是春秋时人，帛书又是战国或战国以前的作品，因此，帛书《相马经》即使不是伯乐的那一本，也应该与他有些关系，因

○ 马王堆帛书《相马经》局部

为春秋战国相连，晚出的书是会参考前人的著作的。

帛书《相马经》全文5200余字，是一部谈相马的辞赋体古佚书。它是一部既有经文，又有为经文做解释的"传文"和"故训"，经、传、注三者合一的古书。它用很规范工整的汉隶抄写，其抄写年代肯定是汉代了。

《相马经》的内容重点非常突出，很大部分的文字是关于马的头部的相法，尤其是对眼睛的观察细致入微。从该书第36行起，就有55个字专门阐述马眼的相法，其中一连16个字是关于相马眼的问答，如："眼，大盈大走，小盈小走，大盈而不走，何也？"书中从眼的盈满程度、眼的灵活性和光泽，睫毛和眼部肌肉的功能等多种因素，来判别是好马还是劣马，善走还是不善走。其次，则是关于四肢的相法，阐述了四肢肌肉的作用及其与其他各部的关系，并指出：跑得快的马"足可载云"，即马腾空像在云中穿行一样。但这种马"天下少有，良工所尊，此皆前后之史也"。这里所说的"史"，就是指马的四肢。又说"阳前阴后，前后之史也，前史欲上，后史欲下"则"善走"，"前后之史皆欲长，长（则）善走"。这是说马的前后腿都长就会跑得快。帛书中对马的整体的相法与后来《相马经》所说的"头欲得方，目欲得光，脊欲得强，腹胁欲得张，四下欲得长"的说法，在精神上是一致的。帛书中把马分为两大类，即良马和驽马；而良马又有国马、国保（宝）、天下马之分。帛书说速度追得上鹿的算良马，追得上麋的算很好的良马，可以"袭鸟"即能超越飞鸟的就是"绝尘"之马了，所谓"绝尘"，就是快得离开了尘土而凌空飞驰的意思。1966年武威雷台东汉墓出土一匹马踏飞燕的铜马，就是雕塑家根据《相马经》"可以袭鸟"的"绝尘"马塑造的。该马以黑色细线绘出马尾和颈部的鬃毛，用红色涂唇和齿。昂首，尾上扬，四蹄翻腾，张口，喷鼻，嘶鸣，以奔腾万里的气势向前飞奔，三足腾空，一足踏在一只疾飞的鸟背上，飞鸟因马突然快速地超越而吃惊回顾，铜马是静的，但看上去像在风驰电掣地飞驰，给人以瞬息万里的动感。帛书也很重视马的筋骨，并把它作为相马的基础理论之一。帛书《相马经》不仅是目前最早的相马专著，而且还是历史上所有《相马经》中内容最丰富、字数最多的相马专著，今本《相马经》的字数大约只有帛书《相马经》的一半。

汉代是一个重视马的时代，也是相马的黄金时代。从考古资料

○ 马踏飞燕

马高34.5cm,长45cm,甘肃省博物馆藏

来看，除了马王堆汉墓出土的帛书《相马经》之外，许多汉代墓葬中，都有马或马的模型明器，如铜马、陶马、木马等出土。幽灵世界是现实世界的模拟，说明汉代是非常重视马的年代。

汉代是我国历史上最强盛的时代之一，它之所以成为当时世界上的头等强国，与它拥有强大的骑兵是有关系的。

大约从秦汉之际开始，中国的北部边疆出现了一个强悍的游牧部落——匈奴，匈奴骑兵经常骚扰和掳掠边疆的人畜和财产，有时甚至威胁到京师的安全。到了西汉中期，汉武帝决心加强边防，消除外患，建立强大的骑兵队伍。他下令全国养马，在京城建立了6个马厩，养马6万匹。在西边和北边的边境上，设置了36个牧场，有牧马人3万多人，分养着30万匹马。他深知仅有马的数量还不行，还要有马的质量。为此，他一心追求良种马，甚至以虔诚的心祈求神明的帮助。他算了一卦，得到了"神马当从西北来"的谶语。后来，果然从西北的乌孙国寻到了一种好马，汉武帝喜欢极了，给乌孙马取名叫"天马"。天马就是《相马经》里所说的"天下马"，这种马跑起来"若灭若没，若亡若失，若此者，绝尘弥辙"，也就是说，跑起来像腾云驾雾似的。后来，出使西域回来的张骞对汉武帝说，大宛国的贰师有一种汗血马（马汗似血），比乌孙马好得多，是真正的"天马"。大宛国是西域的一个小国，人口只有30万，以善养马而闻名于世，但与长安相隔万里，遥远得很。汉武帝一心想得到汗血马，于是用黄金铸了一只金马，派一个使团带着金马和1000万钱，万里迢迢去大宛国贰师城买汗血马。但大宛国王不仅不卖宝马，反而把金马和1000万钱给抢了，把使者也杀了。他们以为"汉绝远，大兵不能至"。汉武帝不得汗血马决不罢休，据《汉书》记载："于是天子遣贰师将军李广利将兵前后十余万人伐宛。"经过四年的战争，汉军才把大宛国征服，带着汗血马数十匹、中等马3000余匹回来。

在汉武帝的苦心经营下，汉朝终于建立了一支拥有数十万骑兵的高质量的军队，由年轻的将领卫青、霍去病率领，打退了匈奴的侵扰和进攻，保卫了国家的安全。但是，两千多年前驰骋疆场，关系到国家安危的汗血马今天已见不到了。

哲学史上的重大发现

马王堆帛书中的哲学著作有《老子》《经法》《经》《称》《道原》，许多学者认为，这都是所谓的"黄老"著作，即黄帝、老子的著作，属道家的哲学流派。西汉文景之治时，"黄老学派"已成为全国最主要的哲学学派，是朝廷向全国大力推行的学说。可惜的是，千百年来，除了一部《老子》外，所谓黄帝的书一部也没有留下来，因此，后世只知"老学"，不知"黄学"，并且对是否确有"黄学"表示怀疑。这次马王堆汉墓出土4种早已失传的黄帝书，证明中国古代"黄学"确实存在，这是中国古代哲学史的重大发现。

老子有甲、乙两个本子，甲本抄写年代在西汉以前，乙本则是惠帝或文帝时的抄本。《老子》分上、下篇，上篇为德经，下篇为道经，合起来可称为《德道经》，与今本正好相反。《老子》这部书在西汉文景时备受尊崇，朝廷规定皇家子弟"不得不读《老子》，尊其术"。这是因为《老子》"无为而治"的理论与文景时休养生息的国家政策是一致的。

帛书《战国纵横家书》是一部描写战国纵横家的活动和合纵连横之术的作品，有11000多字，全书27章中就有11章不见于任何古

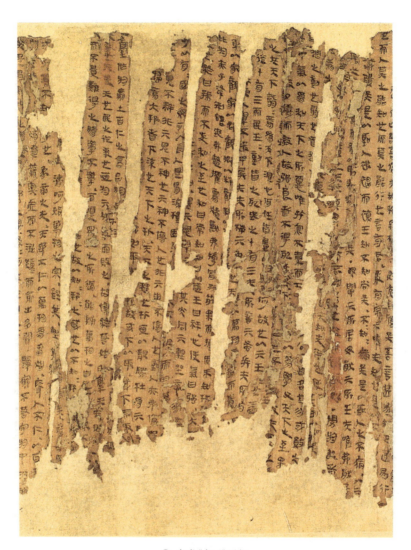

○ 帛书《老子》局部

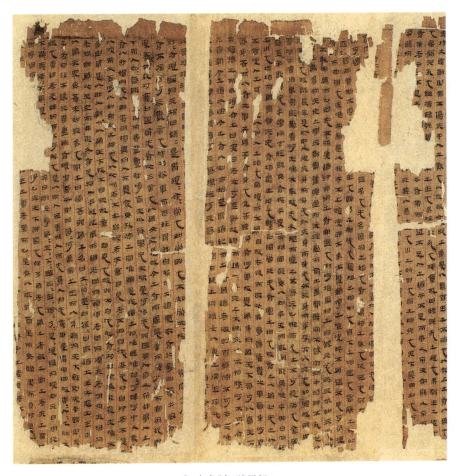

○ 帛书《老子》局部

书，连大历史学家司马迁、班固都没有见过，很可能在汉景帝或汉武帝时就失传了。此书的出土，为战国史的研究提供了丰富的新鲜史料，大大拓展了研究者的眼界，纠正了史书的错讹。有的专家认为，由于司马迁写《史记》时，没有见到关于苏秦的第一手史料，因而把公元前3世纪初苏秦的事迹，推到公元前4世纪末；把五国伐秦，错成六国合纵，时间也提早了四五十年。又如《史记》说苏秦和张仪是同学的说法，也是靠不住的，因为帛书中记载，公元前312年，当苏秦还是一个初出茅庐的小伙子时，张仪已是白发苍苍的老人了。《史记》时序既差，事迹中有弄错的也就难免了，因此，它就有点小说的味道了。

《战国纵横家书》的出土，还了却了一桩千年公案：《战国策》的著名篇章《赵太后新用事》中，有"左师触詟愿见太后"之语，但《史记》却不是这样写的，而是"左师触龙言愿见太后"。到底谁是谁非？这成为了千年公案。清代大学者王念孙、王引之父子认为"左师触龙言愿见太后"是对的，《战国策》中把"龙言"二字误合为詟。由于他们缺乏权威的证据，人们并不信服他们的话。新中国成立后出版的《古文观止》，有一篇的标题就作《触詟说赵太后》，并在注释中说："触詟，人名，赵臣。詟，一作'龙言'二字，误。"（《古文观止注译》，湖北人民出版社2007年版，第157页。）但帛书《战国纵横家书》出土后，证明了王念孙父子是对的，从而了却了这段公案。因为中国几千年来写文章都是自上而下直书，所以"龙言"误合为"詟"是完全有可能的。

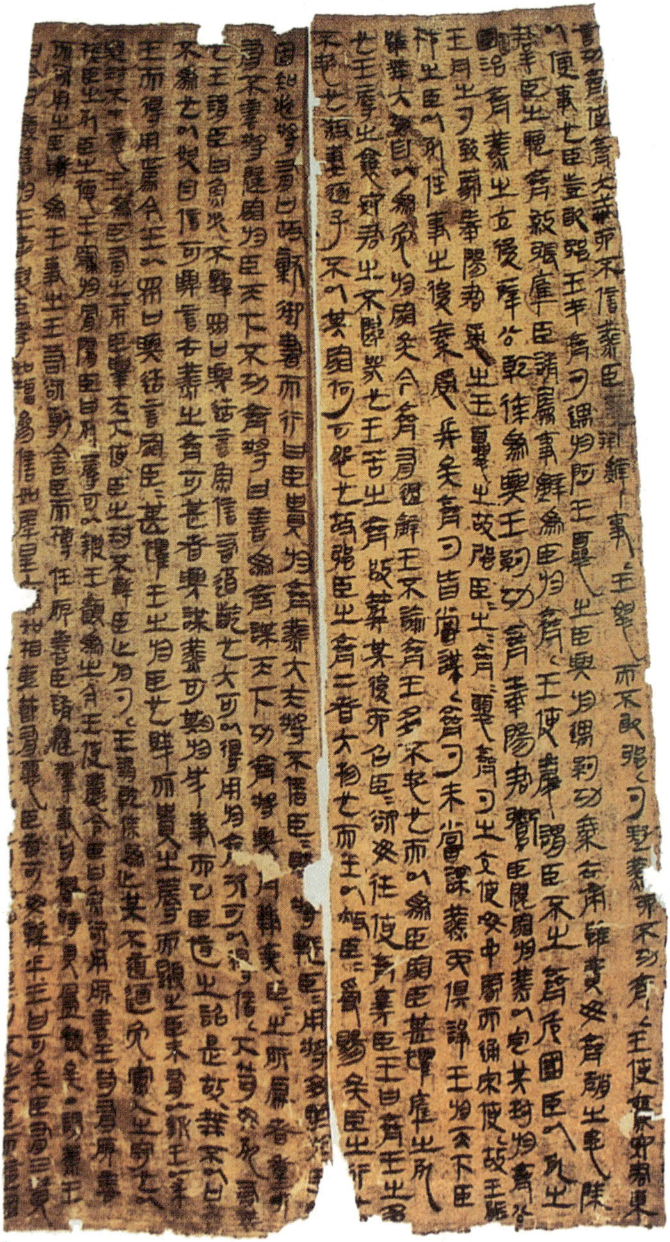

帛书《战国纵横家书》局部

珍贵的书法范本

帛书整理小组每整理好一篇帛书之后，总要把释文连同清晰的帛书照片一同在《文物》月刊上发表，这样，一是可以让人们把释文与原件照片对照，看释文是否正确；二是可以让见不到帛书实物的广大书法爱好者一睹帛书的风采。

帛书的书写，是把帛横摊着，从右至左，直行书写，有整幅和半幅两种。

帛书上一般画有红色的直行格，汉代叫"朱介"，介即界，是界线的意思。也有墨介，即用墨线画的直行格。也有不打格的，但很少。每行字数，整幅的70多字，半幅的30多字。字多用墨书写，墨的原料，经化验，是松枝烧成的烟，也有个别的是用朱砂写的。

帛书用的丝绸一般很长，一种书写完后，接着就写另一种书，并不剪断，只是在每一种书的开头，涂一个黑色的小方块或圆点做标记。个别书的末尾，写有书名和字数。所以，一段丝绸常常写好几种书。

帛书的字体非常秀美，但各书的字体差异较大，有小篆、古隶、今隶以及篆隶之间的书体。字的风格也多种多样，说明书写年代有早晚，也不是出自一个人的手笔。

中国的汉字是世界上最古老的文字之一，七千年前就有了陶器

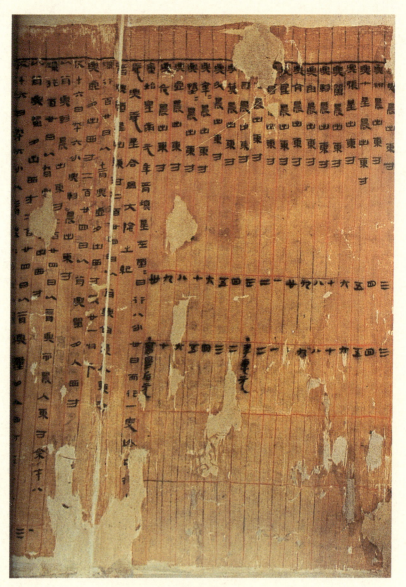

○ 画有朱介的帛书

刻画符号，此后，它不断发展，逐渐成熟，产生了甲骨文、钟鼎文、小篆、隶书等，构成了汉字发展的历史长河。

用文字造型作为艺术语言，进而成为一门独特的艺术种类的汉字书法，在中国乃至全世界都是独一无二的。世界上有文字的民族，都喜欢将文字加以美化，但这种美化仅仅停留在工艺性层次上，只有中国的汉字成为了一门艺术。

书法艺术最重真迹。甲骨文、金文、玺印文、石刻文、瓦当文等都是制作后的文字，与直接写的真迹相去甚远。而马王堆汉墓出土的帛书有12万多字，简牍9000多字，均是真迹。这对广大书法爱好者来说是一个福音。

帛书全部是手写墨迹，字体有篆、古隶、汉隶和草书。各种帛书的抄写年代，专家们通过对帛书文字中的纪年、避讳和字体风格进行考察，一般认为是战国末至汉初的字体。具体说，《老子》甲本、《春秋事语》、《天文气象杂占》，均未避汉高祖皇帝刘邦的"邦"字，尤其是《老子》甲本中"邦"字就有22个，因此我们判断应是书写于刘邦称帝之前。因为当时规定，皇帝的姓名生前或死后都是不能直书于著作上的。用篆书书写的《阴阳五行》《五十二病方》等，因为与上述帛书字体相近，也应是西汉建国之前的写本或抄本。用古隶书写的帛书《刑德》甲本的干支表上，有"今皇帝十一年"，经查是历史纪年表上的干支，应是汉高祖刘邦十一年（前196）。《战国纵横家书》中的文字避刘邦讳而不避惠帝刘盈讳，当是西汉初年的抄本。至于用规范的今隶书写的帛书，有《刑德》乙本、《五星

○ 帛书《阴阳五行》局部

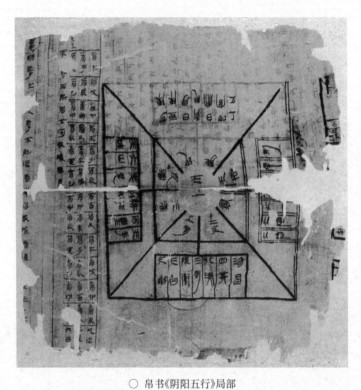

○ 帛书《阴阳五行》局部

此书有甲、乙两种写本,其内容是根据阴阳五行学说占卜吉凶,是研究古代
阴阳五行学说的极好资料

○ 《刑德》局部

《刑德》有甲、乙、丙三种抄本，内容基本相同，是关于刑德运行规律及星占、气占等占测
战争胜败吉凶的书，古代属于"兵阴阳家"的范畴

占》、《老子》乙本、《周易》、《相马经》等，其中《刑德》乙本的干支表上有"孝惠元年"的纪年，《五星占》附表中有文帝初元三年（前177）的纪年，说明这一批帛书应是惠帝至文帝时的写本或抄本。

这些抄本可以说是这个时期的一部书法史或书法大观。从这些帛书中，我们可以看到篆—古隶—今隶的发展全过程。对此，书法艺术家朱仁夫先生在《中国古代书法史》中指出：马王堆帛书"书法艺术水平高超，古雅中透出风流蕴藉，活泼中呈现一派天机。《老子》（甲本），字形大小参差有致，结字或纵或横，舒展自如，纵有行而不呆板，横无列而不紊乱，疏润豁朗，气韵贯通，古隶从一开始就孕育着草隶的胎息，因为篆变隶是沿着'草化''简化'，更加抽象化的轨道前进的。《老子》（乙本）则以方整为法，横式为主，刻意求工，于是点画均匀，行笔规矩，有意求俊秀，顺势出波磔，这又是一条隶向八分、楷书延伸的康庄大道的起点和标记。前者愈来愈草，后者愈来愈工，汉以后整个中国书法史，就是沿着这样两条'平行线'，并行发展。马王堆帛书，可以说是一部汉代书法大观"。

汉初长沙国

利苍担任丞相的长沙国，在汉初异姓王中，是势力较小的一个。

第一代长沙王吴芮，原是秦朝一个县令，他参加了反秦起义，秦朝灭亡后，他被项羽立为衡山王，建都邾（今湖北省黄冈市）。楚汉战争中，吴芮站在刘邦一边，刘邦建国后，封吴芮为长沙王，建都临湘。

吴氏长沙国从高祖五年（前202）吴芮始封，到文帝后元七年（前157）吴差终，因无子接位，共传五代，前后共四十六年。

吴氏长沙国的疆域，按刘邦诏令"其以长沙、豫章、象郡、桂林、南海立番君芮为长沙王"来看，似乎很大。事实上，其中的象郡、桂林、南海郡早已为自立为王的南越王赵佗所占据，只有长沙、豫章郡控制在长沙王吴芮手中。

关于豫章郡的归属，史界有些争议。高祖五年，英布被封为淮南王，所封的四郡中就有豫章郡，这似乎与同年刘邦把豫章郡封给长沙王吴芮的诏令相矛盾。一些史学家认为，豫章郡实属淮南国，而吴芮长沙国实封只有长沙一郡之地，这种推测是不符合当时实际情况的。因为刘邦实行分封时，豫章郡已一分为二，即吴芮和英布各据一半，刘邦只不过对这种实际控制予以承认罢了。这也就是为什么刘邦在两个分封的诏令中，都提到了豫章郡。

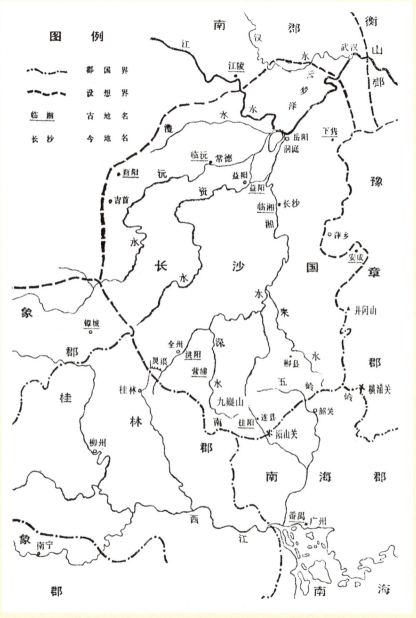

○ 吴氏长沙国疆域图

吴氏长沙国的南北疆界，《汉书》记载得清清楚楚：从汉水之北，一直到九嶷山，为长沙国。司马迁的《史记》也记载，长沙国的疆域是"自陈以西，南至九嶷"。陈国以西，正是汉水之北，如此看来，班固的记载和司马迁的说法是一致的。曾有人表示怀疑，认为长沙国不可能有那么大。但是这次马王堆三号墓出土的《西汉初期长沙国南部地形图》，证实《汉书》和《史记》的记载不错：长沙国的南界不仅确实到达了九嶷山，而且还越过了九嶷山，到达了今天广东省的连州市。

　　长沙国在秦以前主要由楚、越两族组成，汉代则主要是汉族和越族。至于其人口，仅见于汉文帝初年贾谊《上疏陈政事》之中："长沙乃二万五千户耳。"但贾谊提供的户口数字是偏少的，他依据的数字是汉建国时的户口数。汉初战乱，百姓逃亡，在户籍上登记的户口，只有实际户口的百分之二三十，即《汉书》所记载："户口可得而数裁什二三。"所以，汉初长沙国实际户口数应为10万户左右。后来，经过数十年休养生息，户口大增。据三号墓《驻军图》上所注各居民地的户口数，大约每平方公里有一户左右，长沙国人口应为30万户左右。

　　长沙国实行郡县制，这从墓中出土的几幅地图上可以看出来。当时长沙国分设了三个郡：长沙郡、桂阳郡和武陵郡。

　　长沙国的官制和汉朝一样，即"宫室百官，同制京师"（《汉书·诸侯王表》）。这点可从数十年来长沙汉墓出土的一批长沙国中央政府的官印，如"长沙丞相""宫丞之印""宫司空丞""御府长印""长沙顷庙""长沙内史"中得到印证。长沙国的行政机构是呈塔式的，国王处于塔尖顶，国王下面是丞相，丞相下面是百官，所以，利苍是处于一人之下，万人之上。他虽然处于王之下，但他却是中央政府派来的代表，所以，利苍在长沙国处于很重要的地位，他的意见往往有决定性的作用。

长沙国的经济并不发达，《史记·货殖列传》中对当时的经济生活这样描述：这里土地广阔而人口稀少，吃鱼羹和米饭，烧草耕田，蓄水除草，瓜果螺蛤自给自足。由于土地肥沃，天然食物很多，所以没有饥荒和忧虑。

刘邦的亲信——利苍

由于二号墓保存欠佳，所以我们对第一代轪侯利苍，只能通过文献资料和出土文物来了解。我们不知道利苍的出生年月，对他童年和幼年之事毫无所知。《史记》《汉书》的功臣表中虽然提到他，但是非常简单，只寥寥数语。但是通过考证，大致了解他是楚人。

首先从姓氏看，利氏是楚姓。邵思的《姓解》卷三说："利，《左传》：'楚公子食采于利'，后以为氏。"说明利氏在当时只是楚人才有的姓。

其次，从利苍为他的儿子取名为"利豨"看，也证明他是楚人。豨是楚地的方言。西汉扬雄撰的《方言》卷八说："猪……南楚谓之豨。"《列子・黄帝篇》："食豨如食人。"《音义》："楚人呼猪为豨。"西汉刘安的《淮南子・本经训》中高诱注说："楚人谓豕为豨也。"只有楚人才会用楚方言为自己的儿子取名字。

利苍既为楚人，那他的家在楚地何处呢？《汉书・高惠高后文功臣表》记载：第四代轪侯利扶在任东海太守时犯了罪，被褫爵失侯，封地国被收归中央政府，他只好回到老家去。表中又记载："玄孙江夏六世元康四年，苍玄孙之子竟陵簪褭汉诏复家。"原来利苍的老家就在江夏郡汉水南岸的竟陵，即今天湖北省汉水南岸的潜江市，这里正是西汉扬雄所说的南楚。

经过四年的艰苦战斗，刘邦终于在垓下会战中彻底打垮项羽，天下复归一统，登上了帝位。国家名义上统一了，但面临的问题不少：首先表现在国家的内部，刘邦心里清楚，他是凭借一群想称王称帝的政治野心家的相互妥协、共同合作，才打败项羽，登上帝位的。江山是大伙打下的，胜利果实要大家分享，刘邦不得不把大片国土分封给他们。所以建国之初，他分封了九个大诸侯国，从太行山以东，尽是诸侯的封地，它们占有半壁江山，宛如战国末期残存的东方六国，与西汉中央王朝形成对峙的政治局面。其次的问题来自外部，即当时所谓的"胡越之害"。"胡"是指北方强大的游牧民族——匈奴。"越"是指秦末在百越故地上建立起来的南越国政权，它占有今中国广东、广西、以及越南等地，并把闽越、西瓯、骆等国置于自己的势力范围之内。当时越族在东南沿海一带有很大的势力。《汉书・地理志》注引臣瓒说："自交趾至会稽七八千里，百越

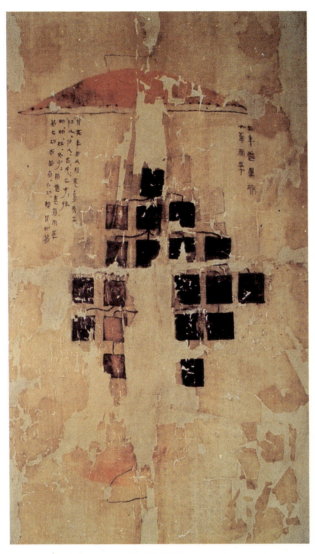

○《丧服图》

这是一份有关古代丧服制度的珍贵资料,从上图亲属关系网络及所记丧服礼制可以知道,第一代轪侯利苍的高祖、曾祖、祖父、父亲都是儿女双全。其父为祖父的季子,其伯父无后,其本人有兄弟姐妹等

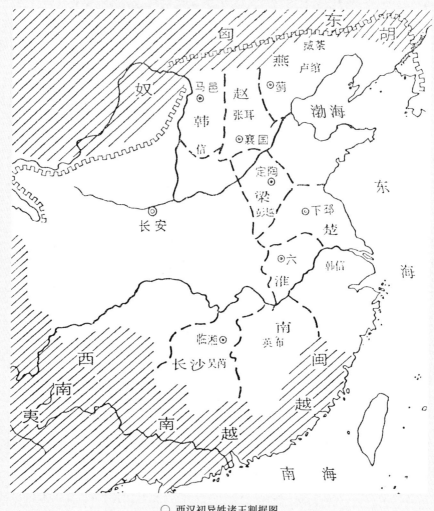

○ 西汉初异姓诸王割据图

杂处，各有种姓。"如果南越诸国带头起来向汉中央政府进攻，中国的南部就不得安宁了。

在这种内忧外患的局势下，怎样才能巩固统一的局面呢？刘邦对此深为忧虑。他在家乡为他举行的宴会上慷慨伤怀地唱道："大风起兮云飞扬，威加海内兮归故乡，安得猛士兮守四方！"这首《大风歌》重点就在最后一句：谁来替我守住四方！为巩固统一，刘邦和他的谋臣采取了一个很重要的措施，那就是由中央政府派遣代表到诸侯国担任丞相。《史记·五宗世家》记载："高祖时诸侯皆赋，得自除内史以下，汉独为置丞相。"这样，中央政府就可以通过自己派遣的代表去防范诸侯的不轨行动，并加强对他们的控制。所以，当时去诸侯国担任丞相的人选，是经过精心挑选的，人选首要的条件，就是要绝对忠于中央政府，是刘邦自己的亲信；其次，要有非常的才干。就是说，派到诸侯国去以后，要有本事控制住这个国家，使它俯首听命于中央政府。而这两者又是缺一不可的。利苍具备了这两个条件，因而被刘邦看中了。但是，派他到哪个诸侯国去当丞相好呢？因为利苍的老家是在汉水南岸的竟陵县，它是处于汉初吴姓长沙国的版图之内，利苍对长沙国的情况应该非常了解，所以派他去长沙国是最合适的，而且这是刘邦分封的最南的一个诸侯国。因为长沙国的南面就是与汉中央处于敌对状态的南越诸国，所以，利苍到长沙国担任丞相，不是单纯为了监视和控制长沙国，而且还要监视南越等国，也就是说，中央还交给他监视整个南方的重要任务。

利苍在出任长沙国丞相以前的经历，我们一点也不知道，因为史书没有留下任何记载。但是，从刘邦赋予他重任来看，他在跟随刘邦打天下的过程中，肯定是战功卓著的，只是历史学家没有把它记录下来罢了。当然，也不是一点信息也没有。在《汉书·高惠高后文功臣表》"平皋侯刘它"栏中有这样一段记载："汉六年以砀郡长初从，功比轪侯。"这里的意思是说，刘它在跟随刘邦打天下时的经历和所立下的功劳是与轪侯利苍相同的，所以轪侯利苍的功劳排在第121位。另外，在利苍墓的随葬品中，有一件错金的铜弩机，上刻铭文："廿三年私工室……"从文字的风格和铭刻的款式看，它当是秦始皇二十三年（前224）制造的。作为殉葬品，肯定是利苍生前使用过的，并且，它可能有陪伴利苍随刘邦打天下的经历。总之，利苍的忠贞和才华，应该在反秦起义和楚汉战争中经受了严峻的考验，不然，监视南方的重任不会落到他的头上。

利苍是何时去长沙国担任丞相的，史书没有明确记载。《史记》和《汉书》的功臣表上都是笼统地说利苍是在惠帝二年（前193）四月在担任长沙国丞相时被封为侯的。《史记》的功臣表还记载，汉高祖九年（前198），吴郢"以长沙柱国侯"。"柱国"是战国时楚国的官衔，楚汉之际仍然沿用，地位相当于丞相，这大概是长沙国国王吴芮的第一任丞相，也就是利苍的前任。这个吴郢不是中央派遣的，因为当时中央没有这种派遣制度。汉朝的官衔中没有"柱国"这个官名，可见这个"柱国"应是长沙王自己设置的。由于从汉高祖六年至十年（前201—前197），异姓诸侯王除长沙王外，都先后起来反叛，汉中央为了加强控制，就派利苍来接替吴郢的丞相职位。所以利苍到长沙国任丞相，不会早于吴郢封侯的高祖九年，也许正是吴郢封侯之时，用爵位交换西汉王朝对长沙国的控制权。故我们推测利苍上任丞相的时间，大约是汉高祖九年至十年之间。

汉初中央派去诸侯国的丞相，有很高的地位，与皇帝一样，掌黄金之印，且俸禄丰厚。汉代的官职从斗食到最高万石，共20多级，除皇帝外，中央最高行政长官丞相、三公为万石，以下依次是中二千石、真二千石、二千石、比二千石……汉初王国丞相是真二千石，处第三位，郡守是二千石，处第四位。王国丞相地位在郡守之上，应为真二千石，月俸2万钱。当时黄金一斤值万钱，所以利苍的年薪高达12公斤黄金！

王国丞相是王国事实上的最高行政长官，有着统率文武百官、总揽行政的实权。利苍带着刘邦的特殊使命到达长沙国后，当然会紧紧地抓住大权，把长沙国牢牢控制在自己的手心里。

从汉高祖刘邦到汉景帝，都没有无功封侯的先例。如景帝时，窦太后请求封皇后的兄长王信为侯，景帝说这要跟丞相周亚夫商议。周亚夫说："高皇帝约：'非刘氏不得王，非有功不得侯，不如约，天下共击之。'今信虽皇后兄，无功，侯之，非约也。"说得景帝无言可答，只好作罢。

所以，利苍在惠帝二年封侯，必定是在丞相任上立了大功。

的确，利苍去长沙国担任丞相的时间，大约是在高祖十年左右，他上任的第二年，就发生了一件很大的事情，那就是长沙国的邻居淮南王英布叛变，以淮南国四郡的兵力，向汉中央政府发起猛烈进攻。

英布是长沙王吴芮的女婿，他曾和吴芮在反秦起义中建立起军事同盟，是一员骁勇善战的猛将，在反秦起义和楚汉战争中立下了赫赫战功，被封为淮南王。

当英布叛变的消息传到首都长安时，中央政府一片惊慌。虽然刘邦患病，但形势所迫，不得已只好亲自出征。

当刘邦决定抱病亲征时，英布的大军已经消灭了东边的荆王刘贾（刘邦的叔父），紧接着打败了楚王刘交（刘邦的弟弟），所向无敌。刘邦率领的军队与英布的军队相遇，经过一场恶战，英布失败，退到淮水以南。又打了几次仗，英布都不利，只好再退到长江以南。英布在起兵以前就想好了，如果失败，就跑到他的小舅子长沙王吴臣那里去（岳父吴芮已去世），以图东山再起。此时，刚好长沙王派人来，说是接他去避难。当他跟着走到长沙境内的番阳县兹乡时，被长沙王预先埋伏在那里的伏兵所杀。

英布死后，刘邦政权又一次渡过了险关。刘邦想到，作为英布近亲的长沙王吴臣，如果当初听从英布的话，联合瓯越、南越等国一起进攻汉中央政府，其结局还不知怎样呢！所以他对长沙王大义灭亲，杀了亲姐夫，非常感激，认为吴臣是个大忠臣，要御史把他的功劳记入国家的档案里，作为全国的表率。

而能使长沙王毅然决然站到汉中央政府一边，主要应归功于上任不到两年的长沙国丞相利苍，因此，刘邦也非常感谢利苍，认为他没有辜负自己的期望和重托。可惜的是，刘邦在与英布的恶战中，身负重伤，回去就死了，故对长沙王和长沙国丞相行赏一事，只好由他的儿子惠帝来实施了。惠帝元年（前194）九月，长沙王之子吴浅，"以父长沙王功封侯，二千户"。半年后，即惠帝二年四月，长沙国丞相利苍以功封为侯，七百户。

爵位是皇帝册封贵族的等级，也是君主驾驭群臣的一种手段，它起源很早。《礼记·王制》记载："王者之制爵禄，公、侯、伯、子、男，凡五等。"春秋战国之际，旧爵位制度被废除，代之以论功行赏的"军功爵"。有爵位的人，就可以当官，可以得到田地和房子，还可以用来赎罪。汉代爵位有20个等级，一级公士，二级上造，三级簪袅，四级不更，五级大夫……十九级关内侯，二十级彻侯。到汉武帝时，因武帝的名字叫彻，为避讳，便改彻侯为列侯。

爵位越高，人数就越少，形成一个宝塔形，塔的顶尖就是列侯。当时全国列侯只有180多人，而利苍是其中之一。

列侯不但有自己的国土、国号和纪年，在自己的封国里可以主宰一切，而且在汉中央政府中也有极大的权力，中央政府最重要的官职都是由他们担任，朝廷的重大事情都要请列侯参加协商。朝廷需要人才，也要列侯举荐，他们是支撑汉政权的重要支柱。在汉代贵族中，除了天子，就是王、侯。所以"王侯"在汉代成了富贵的代名词。汉代铜镜铭文、织绣上常有"乐未央，贵侯王""宜侯王，富且昌"等吉祥颂词。

轪侯利苍的封国是轪国，那么，轪国在哪里呢？在轪县。轪县封给利苍后，就改名轪国。轪县又在哪里呢？《汉书·地理志》注说："故弦子国。"后来历史不断变迁，就搞不清是什么地方了。一种观点认为，汉代轪县在今湖北省浠水县兰溪镇附近；另有一种说法是，汉代轪县应在今河南省光山县附近，而湖北省浠水县的轪县故城，应是永嘉之乱后侨置的。

从情理上讲，轪县应在今湖北省。汉代封地，一般都愿意封在自己的家乡，或离家乡不远的地方，以示衣锦还乡。湖北轪县故城在长江边，与利苍的家乡很近，水路又很方便，尤其是通过长江和湘江，到达长沙国首都临湘也很方便，轪国的租税和物产，送到他们的主人利苍那里也不费事。而且汉代法律规定，列侯死了要从他的封地征发300人修坟墓，如果利苍封国在湖北，走水路只要一两天就到了首都临湘。

利苍的轪国最初只有七百户，到文帝时，已增长到数千户了。轪国设有丞相、百官、军队，有自己的纪年。如利苍惠帝二年初封，这一年称为"利苍元年"，有夫人、美人、才人、宦者、谒者等后宫的设置，俨然是一个小朝廷。

利苍的生年我们不知道，但是，我们知道他是死于高后三年（前185）。《汉书》功臣表记载，利豨是高后三年接任侯爵的，利豨继承侯位之日，就是利苍逝世之年。利苍从高祖十年左右出任长沙国丞相，中经惠帝，到高后三年逝世，在位十三年。这十三年，正是西汉政权内忧外患之时，异姓王根本不把中央政府放在眼里，"十年之间，反者九起"，内战打得很厉害。当年8个异姓王，唯独利苍坐镇的长沙国没有反叛。利苍顺应历史大潮，维护国家统一，为汉朝几百年的大发展奠定了基础，功不可没。

河

淮   水

罗山   ○   ●
信阳 ○   轪县   光山 ○

南

安
徽

湖

北

汉
水

浠
武汉   水
黄冈   ○

长   黄石   兰溪

江

○ 轪国地理位置图

在今湖北省浠水县兰溪镇一带

高贵的太夫人——辛追

在一号墓T形帛画中，我们已认识了那位盛装打扮、侍者簇拥的贵夫人。从泥质印章中我们知道，她是利苍的夫人，名叫辛追。

一号墓墓主是汉文帝十五年（前165）左右下葬的，辛追死时五十岁左右。因此，可推知她大约生于公元前215年，即秦始皇三十二年前后，利苍死时，她不满三十岁。

辛追很可能是利苍的同乡，也就是湖北人，也是楚人。为什么？因为在解剖她的尸体时，在直肠和肝内发现了血吸虫卵。血吸虫病是湖沼地区流行的一种疾病，血吸虫卵一般寄生在水中的钉螺体内，血吸虫毛蚴在钉螺体内孵化以后，就在水中活动，只要人下水，就有可能感染这种病。湖北长江、汉水原与云梦泽连成一片，是有名的江河湖泽地区，这里自古以来就是血吸虫病流行的地方。辛追从小生长在这一带，大概幼年时就感染了这种病，后来与利苍结婚后，虽然当了夫人，生活在城市里，过着饭来张口、衣来伸手的贵妇人生活，但她幼年感染的血吸虫病依然潜伏在她的身体内，并一直陪伴着她进入地宫。

从三号墓墓主下葬的时间，知道她的长子——第二代轪侯利豨死于汉文帝十二年（前168），死时三十来岁，那么辛追生他时当在公元前198年前后，那时刘邦统一全国后才几年，辛追只有十七八

○ 轪侯夫人辛追
　 复原塑像

岁。我们想象中是这样一幅图景：刘邦消灭了项羽，全国统一了，
战争结束了，利苍以功臣的身份由军队复员到地方，国家赐给他高
爵，以及伴随而来的大量田地、金钱和房子，生活安定下来了。在
他衣锦还乡之际，就在家乡娶了一位他所中意的美貌姑娘——辛追。
他们结婚不久，就生了第一个孩子——三号墓墓主，他们的长子
利豨。

辛追在丈夫利苍被中央政府任命为长沙国丞相后，就带着刚满周岁的儿子，随同丈夫一起到了长沙国首都临湘生活，直到终年。

屈指算来，辛追在长沙国的首都居住了三十年左右，在此期间，她一直过着贵妇人的生活。惠帝二年（前193），利苍被封为侯，她也相应被封为夫人。但是，高后三年（前185），这位不满三十岁的夫人就死了丈夫，儿子利豨继承侯位，她被封为太夫人。汉代以孝治天下，太夫人有着很大的权力。关于这一点，我们可以用开国皇帝刘邦死后太后吕雉专权的事例做印证。利苍死时，她的儿子利豨继位，只有十多岁，所以，年轻的母亲就有很大的权力，从一号墓出土的帛画引魂幡上，可以看到她生前前呼后拥的显赫场面。她的丈夫轪侯利苍、儿子轪侯利豨均是三棺一椁，她却是四棺一椁，她还用七鼎随葬，都超过了列侯的规格，而这种规格的葬具，又都是她生前自己准备好了的。

辛追到底死于哪一年，文献没有记载，但考古资料却给我们提供了信息。《长沙马王堆二、三号汉墓发掘简报》说：一号墓"由于它分别打破了二、三号墓，从地层关系看来，是晚于这两座墓的。但是，一号墓和三号墓的随葬器物，无论是漆器的形制、花纹和铭文，还是丝织品图案，或者简牍文字的书体、风格都非常接近，如出一人之手；而一号墓出土的泥半两和三号墓填土所出半两钱，又同样都是文帝时的四铢半两，因此，两墓的年代应该相当接近，可能相距仅数年而已"。据纪年木牍三号墓墓主为文帝十二年下葬，那么一号墓墓主很可能是文帝十五年左右下葬的，这时，墓主辛追五

杜　衡　　　　　　　　　茅　香

高良姜　　　　　　　　　桂　皮

花　椒　　　　　　　　　佩　兰

○ 一号墓出土的辛追生前服用的药

十岁左右。一号墓墓主辛追是第二代轪侯利豨的母亲，而她的卒年正好是《史记》和《汉书》所记利豨的卒年，即文帝十五年，而根据三号墓的出土文物和葬制，已证实三号墓墓主是第二代轪侯利豨，葬于汉文帝十二年，可见《史记》《汉书》是张冠李戴，把利豨母亲的卒年——文帝十五年，误写成利豨的卒年了。

辛追太夫人生活富足，医疗条件也是一流的，她非常留恋美好的人生，希望寿如金石，永恒地享受。但是，她为什么五十岁左右就与世长辞了呢？

为了探求辛追死亡的秘密，1972年12月，经周恩来总理批准，由国家文物局局长王冶秋率领一批国内著名的医学专家，对辛追太夫人的尸体进行了解剖。

解剖之前，先做了皮肤科、眼科、耳鼻喉科、妇产科、法医学以及X光片的复查，然后进行了系统的解剖。经解剖，发现辛追生前是一个多病之人，患有以下几种主要疾病：全身性动脉粥样硬化

○ 马王堆女尸

经解剖，内脏器官保存得非常好，如胶原纤维、股动脉的颜色和新鲜尸体相似，极易腐败的淋巴管仍然完好，细如发丝的肺部迷走神经历历可数，静脉血管里尚有凝固的血块

症、冠心病、多发性胆结石、血吸虫病、慢性铅汞中毒。此外，还发现有肺结核钙化病灶，腰椎间盘突出，右手桡骨、尺骨骨折畸形愈合，蛲虫感染，会阴陈旧性裂痕，胆囊膈畸形等。这么多的疾病，哪一种是辛追夫人致死的原因呢？曾参加过这次解剖的湖南医学院（即今中南大学湘雅医学院）曾嘉明教授说："在解剖中发现，食管、胃、肠子里有甜瓜子，反映墓主人临死前24小时尚能从容进食，是发病后一天内死亡的，医学上称作猝死。据统计，猝死的病人多数是死于'冠心病'。解剖女尸心脏时，就见到她的心脏曾有过心肌梗死（心脏局部缺血坏死），营养心脉的血管——冠状动脉粥样硬化相当严重，这是墓主人猝死的病理基础。科学家分析，辛追很可能死

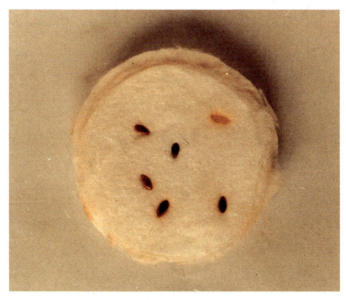

○ 轪侯夫人食管、胃、肠子里的新鲜甜瓜子

于胆结石引起胆绞痛急性发作，反射性地引起冠状动脉痉挛并持续收缩，导致急性心肌缺血，心脏停止跳动。

从解剖知道，辛追夫人是一个好吃的女人，尤其贪吃肉类，这可能是她患动脉粥样硬化症和冠心病的原因。墓中随葬的数十种用动物肉类制成的美味佳肴，可能都是她生前爱吃的美味。她为了追求长生不老，还服用"仙丹"，但事与愿违，仙丹不但治不了她的病，反而形成慢性汞中毒，使她生命之灯更快熄灭！

值得庆幸的是，由于墓室建筑得相当密实，女主人虽处地下两千多年，遗体仍然新鲜完好，令今人能一睹其尊容。二十多年来，经国内外专家不断研究和探索，终于解开了这个谜底。

根据《周礼》，轪侯夫人死后，有着非常隆重而又繁复的丧葬仪礼，先用郁金酿黑黍成酒，或者用郁金煮汤和以黑黍酿的酒给死者洗澡，使尸体香美，并起到消毒的作用。如果在入殓时喷洒了酒，则更有利于封棺后加速棺内氧耗，造成缺氧条件。

洗完澡以后，就是给死者进行穿戴。女尸包裹了20层衣、被，并用9条带子严严实实地捆扎起来，放入内棺后，内棺的空间几乎全被塞满了，残留的空气很少，再加上外面有四层套棺密封，使得棺内氧气很快就被尸体衣物等耗尽，形成缺氧，直至无氧状态。墓室内有限的氧气，很容易被随葬的大量有机物，如禽肉、兽肉、鱼、蛋、食品等的氧化过程所耗尽，加上可燃性沼气的大量产生，因而导致墓室无氧，这样，噬氧菌就无法生存而死亡，厌氧菌同样也不能继续繁殖而逐渐消失。在这个与世隔绝的地下世界，轪侯夫人和她的随葬品的腐败进程就逐渐停止下来。

在下葬入土之前，一般都采取了降温措施。《礼记·丧大记》记载说，尸体沐浴后的停尸阶段，要用盘盛冰置于尸床之下以寒尸。不过，这种用冰寒尸，也有等级之分：君用大盘盛冰，大夫用小盘盛冰，士的地位低下，只能用瓦盛冰。轪侯夫人是诸侯，属于封君一级，可用大盘盛冰，故她在下葬前，处于冰冻状态，受到了很好的保护。

女尸解剖后，发现某些组织中铅、汞、砷等毒物的含量，均超过正常人数十倍到数百倍。医学专家们认为，死者生前已有了慢性铅、汞中毒，这与墓主人生前服用"仙丹"有密切的关系。

据历史文献记载，我国秦汉时期已有人开始服仙丹。如秦始皇使"徐福等入海求不死之药"，说"仙人食金饮珠"，寿与天地一样永久。当时所谓的不死药，多是丹砂，即天然的红色硫化汞。据说当时已有了"韩终丹法""羡门子丹法"，都是以酒或蜜拌和丹砂饮服。到了轪侯夫人生活的西汉时期，"炼丹术"已非常盛行，当时的丹药多为铅汞化合物，并已广泛地应用。解剖女尸发现，小肠内有大量含汞物质残留，说明轪侯夫人生前是服了丹药的。

口服丹药，使体内汞的含量逐渐积蓄，这对尸体有一定的防腐作用。医学专家陈康颐教授指出："在慢性砒汞中毒时，如每日服用小剂量，经过长久时间，各组织多少受毒物浸染后，始能明显延迟腐败的进行。"女尸解剖结果证实，轪侯夫人的各组织不只是"多少受毒物浸染"，而是组织中含毒物量超出正常人的几十倍到数百倍。

所以，女尸不腐，其中也有"仙丹"的功劳。

一号墓内棺刚打开，就发现女尸浸泡在80公升的茶褐色液体里。可惜的是，开棺时没有马上收集棺液进行化验。后来收集进行化验的棺液，已经是和空气接触过的了。棺液经过化验，呈酸性，没有微生物，具有微弱的抑菌和杀菌作用。

人们感兴趣的是：这些棺液是不是人工制造的防腐剂？目前专家仍有不同看法。多数专家认为，棺液不是预先制好的防腐剂，是墓内的水蒸气渗入棺内，经过长时间积聚而成的；有些专家不同意这种看法，认为这些棺液是预制的防腐剂，这些防腐液体，虽经两千多年，已成废液，但尚有一定的抑菌和杀菌作用，说明它在最初阶段是起了重要防腐作用的；还有些专家则认为，棺液来源于三个方面：封棺前注入的中草药防腐剂、尸解水和水蒸气渗入棺内凝结的水。就这个问题，目前尚没有结论。

少将军——利豨

三号墓墓主的遗骸，经鉴定为三十岁左右的男子，经考证，他就是第二代轪侯利豨。利豨大约出生于高祖八年（前199）或九年（前198），这时战争已经结束，天下太平。父亲是为刘邦器重的功臣，因此，他从小就过着优裕的生活，受到了良好的教育。他墓中随葬了帛书、竹简数十种，共12万多字。图书的内容非常广泛，既有社会科学，又有自然科学；既有哲学、历史、文学、军事、宗教、绘画等，又有天文、地理、医疗、历法、气象、建筑、畜牧等。我们想，他一定还有很好的老师教他，一定是个令人羡慕的博学多才的少年。

不幸的是，高后三年（前185），父亲利苍去世了，这时他还是一个十三四岁的少年，因为他是长子，就继承了轪侯的爵位。由于他尚未成年，因此，中央政府决定由时任河内都尉的越接任丞相，而利豨则担任长沙国的中尉，相当于现在的武装部队总司令这个职位。而这个职位也是二千石的俸禄，与国王丞相一样。这一点，有他墓中随葬的大量兵器、兵书、军事地图和一顶乌纱帽为证。这顶

○ 乌纱帽

它是用细纱编织成帽后，再涂上一层厚厚的黑漆，像金属钨丝一样闪亮。它是现存最早的乌纱帽

乌纱帽汉代叫作武冠，是当时武官专用的帽子。三号墓T形帛画上的墓主"冠大冠，带长剑"，俨然一副武将气派。

利豨担任中尉之后不久，就爆发了南越国和长沙国之间的战争。在阐述战争起因之前，先来介绍一下两国的历史。

南越国第一代国王赵佗和长沙国第一代国王吴芮，原先都是秦朝的地方官吏。秦二世时，南海郡尉任嚣病重将死之时，将郡尉之位授予赵佗，并嘱他聚兵自守。秦灭亡后，赵佗派兵攻打并兼并了桂林郡、象郡，自立为南越王。

刘邦把南越国的土地封给长沙王，是想借吴芮之手消灭南越政权，统一岭南。但是由于南越国和长沙国都是越人聚居之地，赵佗和吴芮都受到越人拥护，消灭南越的计划无法实施。刘邦担心他们暗中勾结，为加强统治，就派自己的亲信利苍到长沙国任丞相。然而，随着时间的推移，赵佗的势力不但未受遏制，反而国势日强，不但长沙国无法把他的国土兼并过来，就是汉朝也奈何他不得。于是，刘邦在临死前一年改变了主意，封赵佗为南越王。

高后五年（前183）春天，汉政府为了控制南越国，突然改变了一直以来的怀柔政策，对南越实行经济封锁，下令禁止向南越国出售作为战略物资的铁器，关闭两国边境上的关市。赵佗知道后，立即派大臣去汉朝廷上书，请求解除禁令，但得不到允许，使臣也被扣作人质。这使他非常恼火，说："高皇帝（刘邦）立我为王，互通使节、信物，现在高后听信臣子的谗言，故意要分别汉朝中央政府和少数民族地区的不同，拒绝把重要的器物给南越，这一定是长沙王的计谋，想要倚赖中央政府，消灭南越，把南越国的土地合并过去，由他来统治，并且以此向汉朝显示自己的功劳。"他疑心是长沙王从中搞鬼。于是，赵佗干脆断绝了与长沙国、汉朝的关系，自称"南越武帝"，打起皇帝的旗号，黄屋左纛，做起真正的皇帝来。赵佗称帝后，对长沙国还是恨恨不休，于是发兵攻打长沙。当时长沙国军队的司令官是年仅十多岁的利豨，他根本没有想到南越国会向长沙国发起进攻，结果，由利豨领导的毫无准备的长沙国军队，在蓄谋已久的南越国军队的突然袭击下，一连失陷数县。

但南越国发动战争，目的不是要占领长沙国，而是要发泄一下对长沙王的愤恨，并且以此显示自己的力量，警告长沙王。不久，南越军队就自动撤回去了。

长沙国无端受到南越国的攻击，马上报告了汉中央政府。吕后听说南越国对长沙国发动战争，大怒，立即派大将隆虑侯周灶率军与长沙国军队总司令轪侯利豨组成联军，征讨南越。

在利豨墓的随葬品中，发现了一幅在这次战争中使用过的作战地图——《长沙国南部军事要图》，即《驻军图》，这张地图出在利豨墓中，说明利豨可能是这支部队的统一指挥官，或者是指挥部的两个主要统帅之一，因为隆虑侯与利豨在级别上几乎是平起平坐的，都是侯爵，又都是中央派到长沙国的代表。当然，也有不同的地方，那就是周灶是身经百战的老将，而利豨则是初出茅庐的年轻将军，看来主帅还是周灶，利豨也许是副帅。

这场战争打得非常艰苦，由于时值盛夏，北方来的士兵不服水土，受不了这里潮湿炎热的气候，许多都病倒了，无法越过南岭去进攻南越国军队，只好把军队驻扎在长沙国边界的深谷密林中。当时的淮南王刘安说，这些地方，林中多毒蛇猛兽，到了炎夏，呕吐霍乱等疾病蔓延，许多士兵上吐下泻，日子难过啊！大军驻扎到这种鬼地方，"兵未血刃而病死者什二三"（《汉书·严助传》）。利豨这位少爷公子，同样处境艰难，我们怀疑他的早死，很可能与这里的艰苦军营生活有关。

吕后去世后，文帝对南越恢复了怀柔政策，对赵佗加以安抚。如为赵佗在真定郡的祖坟设置守邑，每年去祭祀。征召赵佗的堂兄弟到政府中做官，给他们丰厚的赏赐，以表示宠爱；同时，文帝又写了一封亲笔信给赵佗，派陆贾送到南越去。信中说："我听说你写了一封信给将军隆虑侯，请求照顾你在内地的兄弟，并要求撤退驻守在长沙国边境上的军队。我因为你的来信，撤回将军博阳侯的军队，照顾你在真定郡的兄弟，并且修理好你祖先的坟墓。听说你过去发兵进攻长沙国的边境，经常侵犯不止，当时长沙国吃了你很多的苦头，尤其是和你接界的那些郡县。这样打仗，对你的国家也没有什么好处啊，你的部队也一定有许多士卒战死，许多将吏伤残，使你国内许多人的妻子变成寡妇，儿子变成孤儿，父母失去儿子，你得到的只有一，而失去的有十，我是不希望你这样做的。"信的最后说："我愿和你忘记过去的不和，派使者前来告诉你，希望你再也不要在边境上为寇灾了。"南越王看了文帝的来信，自度敌不过强盛的汉朝，便回信说："蛮夷大长老臣昧死再拜上书，我是过去越地的官吏，高皇帝赐给我玺印，立我为南越王，任命我在外面当臣子，按时尽到向汉朝进贡的职责。孝惠帝即位，不忍丢弃我，给了我很丰厚的赏赐。后来，高后亲自过问国家大事，她亲近小人，听信臣子的谗言，故意把汉朝和蛮夷区分开来，下令说：'不要给蛮夷南越金、铁和农具；马、牛、羊也不要给，即使要给，也只给公的，不给母的。'老汉处在偏僻的地方，马、牛、羊都已老了，没有办法繁殖。自己认为没有回去祭祀祖先，有死罪，所以派内史藩、中尉高、御史平分三次上书汉朝谢过，都被扣留不还；又听到传闻，说高后掘了我父母的坟墓，杀了我的兄弟和宗族。我的官吏议论说：'现在到内地汉朝做不起人，在外边又并不比别人高大。'所以改号称帝，称帝也仅限于自己的国度里，并不想要吞并天下。高后听说我做了皇帝，就大发脾气，削去南越国的诸侯籍，不通来往。我暗地里怀疑这是长沙王在高后面前说了我的坏话，所以才敢派军队去攻打长沙国的边境。……我之所以胆敢狂妄地称帝，实际上是闹着玩的……现在我恢复南越王的故号，和过去一样与汉通使往来，在我有生之年，再也不敢称帝了。"并且下令全国："我听说两位雄杰是没有办法并立在一个世界上的，两位贤哲也是没有办法同时并存在一个时代里的，当今皇帝是一位圣明的天子，从今以后，我要除去僭称的帝制——黄屋左纛。"

南越王赵佗于文帝元年（前179）俯首称臣后，长沙国边境就没有驻军的必要了，大概在这个时候，利豨和中央的军队就撤回内地了。

利豨率领军队回到长沙国首都临湘的时候，长沙王还特地为他举行了盛大的仪式，欢迎他凯旋。这情景画在一幅长2.23米、宽0.94米的帛画《车马仪仗图》上，挂在椁室的西壁上。这场战争，给后人留下了两幅极其珍贵的作战地图：一幅是长沙国与南越国交界的地图——《西汉初期长沙国南部地形图》，另一幅是《驻军图》。从这两幅地图中，我们可以看到当年战争的种种迹象。

三号墓室北厢和南厢出土了大量的兵器，计有弓、弩、箭、剑、矛、戈、兵器架等8种共38件。这都是汉代作战常用的兵器。

三号墓出土了1000多件珍贵文物，是轪侯利豨宫廷贵族生活极其生动具体的写照。

汉中央政府为了照顾好侯爵的生活，特为列侯家设置了家丞等官。当时国家为列侯置家吏的人数，少者1人，多者5人。到了东汉，不满千户的侯还不能置家丞。但是，马王堆三号墓出土的遣策记载，利豨不仅置有家丞，而且还有家吏，服务人数超过了5人："家丞一人"，"家吏一人"，"宦者九人"，"谒者四人"。可见轪侯利豨权势之显赫。另外，汉代侯爵拥有大量的妻妾，三号墓遣策记载，墓主人轪侯利豨有"八十人美人，廿人才人"，妻妾已达百余人。还有众多的奴婢、随从，乐队和唱歌、舞蹈人员供他差遣。

另外，利豨还有自己的武装部队。遣策记载，墓主利豨有"三百人卒"，轪侯初封时只有七百户，传到利豨时已过了二十多年，正是汉初户口迅速增长的时期，据估算，这时长沙国户口已有二千户以上。一支数百人的军队，平均数户出一人当兵。

○ 考古工作者正取出三号墓边厢中的兵器架

○ 铜剑和鞘

○ 矢和矢箙

○ 弓

据《后汉书·舆服志》记载，汉法规定：皇帝的车驾六匹马，诸侯驾四匹马，大夫驾三匹马，老百姓的车只准驾一匹马。利豨是个侯爵，按规定只能驾四匹马，但为什么他竟然和皇帝一样驾六匹马呢？这是因为在西汉建国之初，允许诸侯在某些方面享受类似皇帝的车骑制度。

前面我们已经介绍过，轪侯家是个亿万富翁，从中也可看出，第二代轪侯利豨的生活也是极其豪奢的。在家时，随从和奴婢成群，前呼后拥；出门时，车骑满道，兵卫森严；宴饮时，钟鸣鼎食、竽瑟并奏，歌舞满堂，粉黛罗侧；他甚至享受着和皇帝类似的车骑、后宫和官吏，在他的封国里，俨然是一个小朝廷。